신약 6

로마서-고린도후서

ROMANS-2 CORINTHIANS

하나님의 말씀과 기도로
거룩하여 짐이라
(딤전 4:5)

의 손글씨

시작한 날 . . .

마친 날 . . .

MISSION TORCH

로마서 ROMANS

≡ 서론

바울이 로마에 거주하는 그리스도인에게 보낸 서신이다. 이는 편지를 뛰어넘어 기독교의 구원 교리서에 가깝다. 바울은 먼저 하나님의 구원하시는 의가 무엇인지를 설명하고 모든 사람이 죄인이기에 구원의 의가 필요함을 역설한다. 하지만 그 의는 율법이 아니라 율법 안에 계시된 또 하나의 의, 즉 예수님을 믿음으로 얻는 구원이다. 율법을 고집한 이스라엘이 버림받았지만, 구원받을 것임을 선언한 후 그리스도인들이 주안에서 어떻게 살아야 하는지, 주 안에서 누리는 자유를 어떻게 사용해야 하는지를 설명한다.

하나님의 의의 계시(1:1-8:39)	하나님의 의의 변호(9:1-11:36)	하나님의 의의 실천(12:1-16:27)
하나님의 의와 필요성(1:1-3:20) 믿음을 통한 의롭다 하심(3:21-5:21) 율법과 생명의 성령의 법(6:1-8:39)	이스라엘의 과거: 선택(9:1-29) 이스라엘의 현재: 거부(9:30-10:21) 이스라엘의 미래: 회복(11:1-36)	그리스도인의 의무(12:1-13:14) 그리스도인의 자유와 덕(14:1-15:13) 바울의 계획과 문안(15:14-16:27)

≡ 개요

인사	1장	1-7절
바울의 로마 방문 계획	1장	8-17절
모든 경건하지 않음과 불의	1장	18-32절
하나님의 심판	2장	1-16절
유대인과 율법	2-3장	17-3장 8절
다 죄 아래에 있다	3장	9-18절
하나님의 의	3장	19-31절
아브라함의 믿음과 그로 말미암은 언약	4장	1-25절
의롭다 하심을 받은 사람의 삶	5장	1-11절
아담과 그리스도	5장	12-21절
그리스도와 함께 죽고 함께 산다	6장	1-14절
의의 종	6장	15-23절
혼인 관계로 비유한 율법과 죄	7장	1-25절
생명의 성령의 법	8장	1-17절
모든 피조물이 구원을 고대하다	8장	18-30절
그리스도의 사랑 하나님의 사랑	8장	31-39절
약속의 자녀 약속의 말씀	9장	1-18절
하나님의 진노와 긍휼	9장	19-29절
믿음에서 난 의	9-10장	30-10장 15절
믿음과 들음과 그리스도의 말씀	10장	16-21절
이스라엘의 남은 자	11장	1-12절
이방인의 구원	11장	13-24절
이스라엘의 구원	11장	25-36절
하나님의 뜻을 분별하는 새 생활	12장	1-13절
그리스도인의 생활	12장	14-21절
그리스도인과 세상 권세	13장	1-7절
사랑은 율법의 완성	13장	8-10절
구원의 때가 가까워졌다	13장	11-14절
형제를 비판하지 말라	14장	1-12절
형제로 거리끼게 하지 말라	14장	13-23절
선을 이루고 덕을 세우라	15장	1-13절
하나님의 복음의 제사장 직분	15장	14-21절
바울의 로마 방문 계획	15장	22-33절
인사	16장	1-20절
문안과 찬양	16장	21-27절

고린도전서 1 CORINTHIANS

≡ 서론

고린도 교회는 바울이 2차 전도여행 때 세운 교회이다(행 18:1-17). 바울은 글로에를 통해 고린도 교회에서 벌어지는 소식, 즉 파당으로 인한 분열과 성적 범죄 소식을 듣는다. 바울은 이런 문제들에 대한 교훈을 줄 뿐만 아니라 고린도 교회가 제기한 질문들, 곧 결혼, 우상 제물, 은사, 부활 등에 관한 구체적인 질문에 대해 상세하게 설명한다. 특별히 고린도전서는 성령의 은사와 사랑과 부활에 대한 교훈으로 유명하다.

파당에 대한 대답(1:1-4:21)	성 문제에 대한 대답(5:1-6:20)	교인의 질문에 대한 대답(7:1-16:24)
인사와 감사기도(1:1-9) 파당에 대한 소식(1:10-17) 연합하라(1:18-2:16) 가르침을 신뢰하라(3:1-4:21)	근친상간(5:1-13) 소송(6:1-11) 음행을 피하라(6:12-20)	결혼과 재혼(7:1-40) 우상(8:1-11:1) 공예배와 은사(11:2-14:40) 부활과 연보(15:1-16:24)

≡ 개요

인사와 감사	1장	1-9절
고린도 교회의 분쟁	1장	10-17절
하나님의 능력과 지혜이신 그리스도	1장	18-31절
십자가에 못 박히신 그리스도	2장	1-5절
성령으로 보이셨다	2장	6-16절
하나님의 동역자들	3장	1-23절
그리스도의 일꾼	4장	1-21절
음행한 자를 판단하다	5장	1-13절
세상 법정에 송사하지 말라	6장	1-11절
몸으로 하나님께 영광을 돌리라	6장	12-20절
결혼에 대하여 이르다	7장	1-24절
처녀와 과부에게 주는 권면	7장	25-40절
우상에게 바친 제물	8장	1-13절
사도의 권리	9장	1-27절
우상 숭배하는 일을 피하라	10장	1-22절
다 하나님의 영광을 위하여 하라	10-11장	23-11장 1절
여자가 머리를 가리는 것	11장	2-16절
성만찬의 제정	11장	17-34절
성령의 은사	12장	1-11절
하나의 몸과 많은 지체	12장	12-31절
사랑	13장	1-13절
방언과 예언	14장	1-25절
차례를 따라 하라	14장	26-40절
그리스도의 부활	15장	1-11절
죽은 사람의 부활	15장	12-34절
몸의 부활	15장	35-58절
성도를 위하는 연보	16장	1-12절
권면과 끝 인사	16장	13-24절

고린도후서 2 CORINTHIANS

≡ 서론

바울은 고린도전서에서 고린도 교회를 다시 방문할 것을 약속한다(고전 16:5-6). 하지만 그 약속은 지켜지지 않았다. 그 와중에 예루살렘에서 내려온 거짓 사도들이 고린도 교회를 방문해서 사도 바울을 험담하고 거짓 사도라고 음해한다. 고린도후서는 이런 상황을 배경으로 바울 자신의 사역과 사도권에 대한 설명과 변호, 그 가운데 예루살렘 교회 성도들을 위한 헌금 요청 등을 전한다. 바울은 본서에 용서에 대한 권면(2:5-17), 성령으로 말미암은 새언약(3:1-18), 그리스도에게 속한 새사람이 되는 방법(5:17-21), 곤궁에 처한 성도를 돕기 위해 구제하는 것(8-9장), 삼층천을 다녀온 이야기(12:1-10) 등을 담고있다.

사역에 대한 설명(1:1-7:16)	예루살렘 성도를 위한 연보(8:1-9:15)	사도권에 대한 변호(10:1-13:13)
인사와 감사기도(1:1-11) 대적자들과의 화해(1:12-7:16)	마게도냐 교회의 예(8:1-6) 고린도 교회에 대한 교훈(8:7-9:15)	사도권에 대한 변론(10:1-12:21) 권면과 인사(13:1-13)

≡ 개요

고난과 위로와 구원과 감사	1장	1-11절
고린도 교회 방문을 연기하다	1-2장	12-2장4절
근심하게 한 사람을 용서하라	2장	5-11절
그리스도의 향기	2장	12-17절
새 언약의 일꾼들	3장	1-18절
질그릇에 담긴 보배	4장	1-15절
겉사람과 속사람	4-5장	16-5장 10절
화목하게 하는 직분	5-6장	11-6장 13절
우리는 살아 계신 하나님의 성전	6-7장	14-7장 1절
고린도 교회의 회개를 기뻐하다	7장	2-16절
풍성한 연보	8장	1-15절
디도와 그의 동역자	8장	16-24절
가난한 성도를 섬기는 연보	9장	1-15절
바울이 자기의 사도직을 변호하다	10장	1-18절
바울과 거짓 사도들	11장	1-15절
바울의 참된 자랑	11장	16-33절
주께서 보여 주신 환상과 계시	12장	1-10절
고린도 교회의 일을 염려하다	12장	11-21절
권면과 끝 인사	13장	1-13절

손글씨 성경

로마서 Rome

인사

인사

1 예수 그리스도의 종 바울은 사도로
부르심을 받아 하나님의 복음을 위
하여 택정함을 입었으니

2 이 복음은 하나님이 선지자들을 통
하여 그의 아들에 관하여 성경에 미리
약속하신 것이라

3 그의 아들에 관하여 말하면 육신으
로는 다윗의 혈통에서 나셨고

4 성결의 영으로는 죽은 자들 가운데
서 부활하사 능력으로 하나님의 아들로
선포되셨으니 곧 우리 주 예수 그리스도
시니라

5 그로 말미암아 우리가 은혜와 사도
의 직분을 받아 그의 이름을 위하여 모
든 이방인 중에서 믿어 순종하게 하나니

6 너희도 그들 중에서 예수 그리스도
의 것으로 부르심을 받은 자니라

7 로마에서 하나님의 사랑하심을 받고
성도로 부르심을 받은 모든 자에게 하나
님 우리 아버지와 주 예수 그리스도로부
터 은혜와 평강이 있기를 원하노라

바울의 로마 방문 계획

바울의 로마 방문 계획

8 먼저 내가 예수 그리스도로 말미암
아 너희 모든 사람에 관하여 내 하나님
께 감사함은 너희 믿음이 온 세상에 전
파됨이로다

9 내가 그의 아들의 복음 안에서 내 심
령으로 섬기는 하나님이 나의 증인이 되
시거니와 항상 내 기도에 쉬지 않고 너
희를 말하며

10 어떻게 하든지 이제 하나님의 뜻 안
에서 너희에게로 나아갈 좋은 길 얻기를
구하노라

11 내가 너희 보기를 간절히 원하는 것
은 어떤 신령한 은사를 너희에게 나누어
주어 너희를 견고하게 하려 함이니

12 이는 곧 내가 너희 가운데서 너희와
나의 믿음으로 말미암아 피차 안위함을
얻으려 함이라

13 형제들아 내가 여러 번 너희에게 가
고자 한 것을 너희가 모르기를 원하지
아니하노니 이는 너희 중에서도 다른 이
방인 중에서와 같이 열매를 맺게 하려
함이로되 지금까지 길이 막혔도다

14 헬라인이나 야만인이나 지혜 있는 자
나 어리석은 자에게 다 내가 빚진 자라

15 그러므로 나는 할 수 있는 대로 로마에
있는 너희에게도 복음 전하기를 원하노라

16 내가 복음을 부끄러워하지 아니하노
니 이 복음은 모든 믿는 자에게 구원을
주시는 하나님의 능력이 됨이라 먼저는
유대인에게요 그리고 헬라인에게로다

17 복음에는 하나님의 의가 나타나서
믿음으로 믿음에 이르게 하나니 기록된
바 오직 의인은 믿음으로 말미암아 살리
라 함과 같으니라

모든 경건하지 않음과 불의

18 하나님의 진노가 불의로 진리를 막
는 사람들의 모든 경건하지 않음과 불의
에 대하여 하늘로부터 나타나나니

19 이는 하나님을 알 만한 것이 그들 속
에 보임이라 하나님께서 이를 그들에게
보이셨느니라

20 창세로부터 그의 보이지 아니하는
것들 곧 그의 영원하신 능력과 신성이
그가 만드신 만물에 분명히 보여 알려졌
나니 그러므로 그들이 핑계하지 못할지
니라

모든 경건하지 않음과 불의

21 하나님을 알되 하나님을 영화롭게도
아니하며 감사하지도 아니하고 오히려
그 생각이 허망하여지며 미련한 마음이
어두워졌나니

22 스스로 지혜 있다 하나 어리석게 되
어

23 썩어지지 아니하는 하나님의 영광을
썩어질 사람과 새와 짐승과 기어다니는
동물 모양의 우상으로 바꾸었느니라

24 그러므로 하나님께서 그들을 마음의
정욕대로 더러움에 내버려 두사 그들의
몸을 서로 욕되게 하게 하셨으니

25 이는 그들이 하나님의 진리를 거짓
것으로 바꾸어 피조물을 조물주보다 더
경배하고 섬김이라 주는 곧 영원히 찬송
할 이시로다 아멘

26 이 때문에 하나님께서 그들을 부끄
러운 욕심에 내버려 두셨으니 곧 그들의
여자들도 순리대로 쓸 것을 바꾸어 역리
로 쓰며

27 그와 같이 남자들도 순리대로 여자
쓰기를 버리고 서로 향하여 음욕이 불
일듯 하매 남자가 남자와 더불어 부끄러
운 일을 행하여 그들의 그릇됨에 상당한
보응을 그들 자신이 받았느니라

28 또한 그들이 마음에 하나님 두기를
싫어하매 하나님께서 그들을 그 상실한
마음대로 내버려 두사 합당하지 못한 일
을 하게 하셨으니

29 곧 모든 불의, 추악, 탐욕, 악의가 가
득한 자요 시기, 살인, 분쟁, 사기, 악독
이 가득한 자요 수군수군하는 자요

30 비방하는 자요 하나님께서 미워하시
는 자요 능욕하는 자요 교만한 자요 자
랑하는 자요 악을 도모하는 자요 부모를
거역하는 자요

31 우매한 자요 배약하는 자요 무정한
자요 무자비한 자라

32 그들이 이같은 일을 행하는 자는 사
형에 해당한다고 하나님께서 정하심을
알고도 자기들만 행할 뿐 아니라 또한
그런 일을 행하는 자들을 옳다 하느니라

하나님의 심판

하나님의 심판

2 그러므로 남을 판단하는 사람아, 누
구를 막론하고 네가 핑계하지 못할
것은 남을 판단하는 것으로 네가 너를
정죄함이니 판단하는 네가 같은 일을 행
함이니라

2 이런 일을 행하는 자에게 하나님의
심판이 진리대로 되는 줄 우리가 아노라

3 이런 일을 행하는 자를 판단하고도 같
은 일을 행하는 사람아, 네가 하나님의 심
판을 피할 줄로 생각하느냐

4 혹 네가 하나님의 인자하심이 너를 인
도하여 회개하게 하심을 알지 못하여 그
의 인자하심과 용납하심과 길이 참으심
이 풍성함을 멸시하느냐

5 다만 네 고집과 회개하지 아니한 마
음을 따라 진노의 날 곧 하나님의 의로
우신 심판이 나타나는 그 날에 임할 진
노를 네게 쌓는도다

6 하나님께서 각 사람에게 그 행한 대
로 보응하시되

7 참고 선을 행하여 영광과 존귀와 썩
지 아니함을 구하는 자에게는 영생으로
하시고

8 오직 당을 지어 진리를 따르지 아니
하고 불의를 따르는 자에게는 진노와 분
노로 하시리라

9 악을 행하는 각 사람의 영에는 환난
과 곤고가 있으리니 먼저는 유대인에게
요 그리고 헬라인에게며

10 선을 행하는 각 사람에게는 영광과
존귀와 평강이 있으리니 먼저는 유대인
에게요 그리고 헬라인에게라

11 이는 하나님께서 외모로 사람을 취
하지 아니하심이라

12 무릇 율법 없이 범죄한 자는 또한 율
법 없이 망하고 무릇 율법이 있고 범죄
한 자는 율법으로 말미암아 심판을 받으
리라

13 하나님 앞에서는 율법을 듣는 자가
의인이 아니요 오직 율법을 행하는 자라
야 의롭다 하심을 얻으리니

14 (율법 없는 이방인이 본성으로 율법
의 일을 행할 때에는 이 사람은 율법이
없어도 자기가 자기에게 율법이 되나니

15 이런 이들은 그 양심이 증거가 되어
그 생각들이 서로 혹은 고발하며 혹은
변명하여 그 마음에 새긴 율법의 행위를
나타내느니라)

16 곧 나의 복음에 이른 바와 같이 하나
님이 예수 그리스도로 말미암아 사람들
의 은밀한 것을 심판하시는 그 날이라

유대인과 율법

17 유대인이라 불리는 네가 율법을 의
지하며 하나님을 자랑하며

18 율법의 교훈을 받아 하나님의 뜻을
알고 지극히 선한 것을 분간하며

19 맹인의 길을 인도하는 자요 어둠에
있는 자의 빛이요

20 율법에 있는 지식과 진리의 모본을
가진 자로서 어리석은 자의 교사요 어린
아이의 선생이라고 스스로 믿으니

21 그러면 다른 사람을 가르치는 네가
네 자신은 가르치지 아니하느냐 도둑질
하지 말라 선포하는 네가 도둑질하느냐

22 간음하지 말라 말하는 네가 간음하
느냐 우상을 가증히 여기는 네가 신전
물건을 도둑질하느냐

유대인과 율법

23 율법을 자랑하는 네가 율법을 범함
으로 하나님을 욕되게 하느냐

24 기록된 바와 같이 하나님의 이름이 너
희 때문에 이방인 중에서 모독을 받는도다

25 네가 율법을 행하면 할례가 유익하
나 만일 율법을 범하면 네 할례는 무할
례가 되느니라

26 그런즉 무할례자가 율법의 규례를
지키면 그 무할례를 할례와 같이 여길
것이 아니냐

27 또한 본래 무할례자가 율법을 온전
히 지키면 율법 조문과 할례를 가지고
율법을 범하는 너를 정죄하지 아니하겠
느냐

28 무릇 표면적 유대인이 유대인이 아
니요 표면적 육신의 할례가 할례가 아니
니라

29 오직 이면적 유대인이 유대인이며
할례는 마음에 할지니 영에 있고 율법
조문에 있지 아니한 것이라 그 칭찬이
사람에게서가 아니요 다만 하나님에게
서니라

3 그런즉 유대인의 나음이 무엇이며
할례의 유익이 무엇이냐

2 범사에 많으니 우선은 그들이 하나
님의 말씀을 맡았음이니라

3 어떤 자들이 믿지 아니하였으면 어
찌하리요 그 믿지 아니함이 하나님의 미
쁘심을 폐하겠느냐

4 그럴 수 없느니라 사람은 다 거짓되
되 오직 하나님은 참되시다 할지어다 기
록된 바 주께서 주의 말씀에 의롭다 함
을 얻으시고 판단 받으실 때에 이기려
하심이라 함과 같으니라

5 그러나 우리 불의가 하나님의 의를
드러나게 하면 무슨 말 하리요 [내가 사
람의 말하는 대로 말하노니] 진노를 내
리시는 하나님이 불의하시냐

6 결코 그렇지 아니하니라 만일 그러
하면 하나님께서 어찌 세상을 심판하시
리요

7 그러나 나의 거짓말로 하나님의 참
되심이 더 풍성하여 그의 영광이 되었다
면 어찌 내가 죄인처럼 심판을 받으리요

8 또는 그러면 선을 이루기 위하여 악을
행하자 하지 않겠느냐 어떤 이들이 이렇
게 비방하여 우리가 이런 말을 한다고 하
니 그들은 정죄 받는 것이 마땅하니라

다 죄 아래에 있다

9 그러면 어떠하냐 우리는 나으냐 결
코 아니라 유대인이나 헬라인이나 다 죄
아래에 있다고 우리가 이미 선언하였느
니라

10 기록된 바 의인은 없나니 하나도 없
으며

11 깨닫는 자도 없고 하나님을 찾는 자
도 없고

12 다 치우쳐 함께 무익하게 되고 선을
행하는 자는 없나니 하나도 없도다

13 그들의 목구멍은 열린 무덤이요 그
혀로는 속임을 일삼으며 그 입술에는 독
사의 독이 있고

14 그 입에는 저주와 악독이 가득하고

15 그 발은 피 흘리는 데 빠른지라

16 파멸과 고생이 그 길에 있어

17 평강의 길을 알지 못하였고

18 그들의 눈 앞에 하나님을 두려워함
이 없느니라 함과 같으니라

하나님의 의

19 우리가 알거니와 무릇 율법이 말하
는 바는 율법 아래에 있는 자들에게 말
하는 것이니 이는 모든 입을 막고 온 세
상으로 하나님의 심판 아래에 있게 하려
함이라

다 죄 아래에 있다

하나님의 의

20 그러므로 율법의 행위로 그의 앞에
의롭다 하심을 얻을 육체가 없나니 율법
으로는 죄를 깨달음이니라

21 이제는 율법 외에 하나님의 한 의가
나타났으니 율법과 선지자들에게 증거
를 받은 것이라

22 곧 예수 그리스도를 믿음으로 말미
암아 모든 믿는 자에게 미치는 하나님의
의니 차별이 없느니라

23 모든 사람이 죄를 범하였으매 하나
님의 영광에 이르지 못하더니

24 그리스도 예수 안에 있는 속량으로
말미암아 하나님의 은혜로 값 없이 의롭
다 하심을 얻은 자 되었느니라

25 이 예수를 하나님이 그의 피로써 믿
음으로 말미암는 화목제물로 세우셨으
니 이는 하나님께서 길이 참으시는 중에
전에 지은 죄를 간과하심으로 자기의 의
로우심을 나타내려 하심이니

26 곧 이 때에 자기의 의로우심을 나타
내사 자기도 의로우시며 또한 예수 믿는
자를 의롭다 하려 하심이라

27 그런즉 자랑할 데가 어디냐 있을 수
가 없느니라 무슨 법으로냐 행위로냐 아
니라 오직 믿음의 법으로니라

28 그러므로 사람이 의롭다 하심을 얻
는 것은 율법의 행위에 있지 않고 믿음
으로 되는 줄 우리가 인정하노라

29 하나님은 다만 유대인의 하나님이시
냐 또한 이방인의 하나님은 아니시냐 진
실로 이방인의 하나님도 되시느니라

30 할례자도 믿음으로 말미암아 또한
무할례자도 믿음으로 말미암아 의롭다
하실 하나님은 한 분이시니라

31 그런즉 우리가 믿음으로 말미암아
율법을 파기하느냐 그럴 수 없느니라 도
리어 율법을 굳게 세우느니라

아브라함의 믿음과 그로 말미암은 언약

아브라함의 믿음과 그로 말미암은 언약

4 그런즉 육신으로 우리 조상인 아브
라함이 무엇을 얻었다 하리요

2 만일 아브라함이 행위로써 의롭다
하심을 받았으면 자랑할 것이 있으려니
와 하나님 앞에서는 없느니라

3 성경이 무엇을 말하느냐 아브라함이
하나님을 믿으매 그것이 그에게 의로 여
겨진 바 되었느니라

4 일하는 자에게는 그 삯이 은혜로 여
겨지지 아니하고 보수로 여겨지거니와

5 일을 아니할지라도 경건하지 아니한
자를 의롭다 하시는 이를 믿는 자에게는
그의 믿음을 의로 여기시나니

6 일한 것이 없이 하나님께 의로 여기
심을 받는 사람의 복에 대하여 다윗이
말한 바

7 불법이 사함을 받고 죄가 가리어짐
을 받는 사람들은 복이 있고

8 주께서 그 죄를 인정하지 아니하실
사람은 복이 있도다 함과 같으니라

9 그런즉 이 복이 할례자에게냐 혹은
무할례자에게도냐 무릇 우리가 말하기
를 아브라함에게는 그 믿음이 의로 여겨
졌다 하노라

10 그런즉 그것이 어떻게 여겨졌느냐
할례시냐 무할례시냐 할례시가 아니요
무할례시니라

11 그가 할례의 표를 받은 것은 무할례
시에 믿음으로 된 의를 인친 것이니 이
는 무할례자로서 믿는 모든 자의 조상이
되어 그들도 의로 여기심을 얻게 하려
하심이라

12 또한 할례자의 조상이 되었나니 곧
할례 받을 자에게뿐 아니라 우리 조상
아브라함이 무할례시에 가졌던 믿음의
자취를 따르는 자들에게도 그러하니라

13 아브라함이나 그 후손에게 세상의
상속자가 되리라고 하신 언약은 율법으
로 말미암은 것이 아니요 오직 믿음의
의로 말미암은 것이니라

14 만일 율법에 속한 자들이 상속자이
면 믿음은 헛것이 되고 약속은 파기되었
느니라

15 율법은 진노를 이루게 하나니 율법
이 없는 곳에는 범법도 없느니라

16 그러므로 상속자가 되는 그것이 은
혜에 속하기 위하여 믿음으로 되나니 이
는 그 약속을 그 모든 후손에게 굳게 하
려 하심이라 율법에 속한 자에게뿐만 아
니라 아브라함의 믿음에 속한 자에게도
그러하니 아브라함은 우리 모든 사람의
조상이라

17 기록된 바 내가 너를 많은 민족의 조
상으로 세웠다 하심과 같으니 그가 믿은
바 하나님은 죽은 자를 살리시며 없는
것을 있는 것으로 부르시는 이시니라

18 아브라함이 바랄 수 없는 중에 바라
고 믿었으니 이는 네 후손이 이같으리라
하신 말씀대로 많은 민족의 조상이 되게
하려 하심이라

19 그가 백 세나 되어 자기 몸이 죽은 것
같고 사라의 태가 죽은 것 같음을 알고
도 믿음이 약하여지지 아니하고

20 믿음이 없어 하나님의 약속을 의심
하지 않고 믿음으로 견고하여져서 하나
님께 영광을 돌리며

21 약속하신 그것을 또한 능히 이루실
줄을 확신하였으니

22 그러므로 그것이 그에게 의로 여겨
졌느니라

23 그에게 의로 여겨졌다 기록된 것은
아브라함만 위한 것이 아니요

24 의로 여기심을 받을 우리도 위함이
니 곧 예수 우리 주를 죽은 자 가운데서
살리신 이를 믿는 자니라

25 예수는 우리가 범죄한 것 때문에 내
줌이 되고 또한 우리를 의롭다 하시기
위하여 살아나셨느니라

의롭다 하심을 받은 사람의 삶

5 그러므로 우리가 믿음으로 의롭다 하
심을 받았으니 우리 주 예수 그리스
도로 말미암아 하나님과 화평을 누리자

2 또한 그로 말미암아 우리가 믿음으
로 서 있는 이 은혜에 들어감을 얻었으
며 하나님의 영광을 바라고 즐거워하느
니라

3 다만 이뿐 아니라 우리가 환난 중에도
즐거워하나니 이는 환난은 인내를,

4 인내는 연단을, 연단은 소망을 이루
는 줄 앎이로다

5 소망이 우리를 부끄럽게 하지 아니
함은 우리에게 주신 성령으로 말미암아
하나님의 사랑이 우리 마음에 부은 바
됨이니

6 우리가 아직 연약할 때에 기약대로
그리스도께서 경건하지 않은 자를 위하
여 죽으셨도다

7 의인을 위하여 죽는 자가 쉽지 않고
선인을 위하여 용감히 죽는 자가 혹 있
거니와

8 우리가 아직 죄인 되었을 때에 그리
스도께서 우리를 위하여 죽으심으로 하
나님께서 우리에 대한 자기의 사랑을 확
증하셨느니라

9 그러면 이제 우리가 그의 피로 말미
암아 의롭다 하심을 받았으니 더욱 그로
말미암아 진노하심에서 구원을 받을 것
이니

10 곧 우리가 원수 되었을 때에 그의 아
들의 죽으심으로 말미암아 하나님과 화
목하게 되었은즉 화목하게 된 자로서는
더욱 그의 살아나심으로 말미암아 구원
을 받을 것이니라

의롭다 하심을 받은 사람의 삶

11 그뿐 아니라 이제 우리로 화목하게
하신 우리 주 예수 그리스도로 말미암아
하나님 안에서 또한 즐거워하느니라

아담과 그리스도

12 그러므로 한 사람으로 말미암아 죄
가 세상에 들어오고 죄로 말미암아 사망
이 들어왔나니 이와 같이 모든 사람이
죄를 지었으므로 사망이 모든 사람에게
이르렀느니라

13 죄가 율법 있기 전에도 세상에 있었
으나 율법이 없었을 때에는 죄를 죄로
여기지 아니하였느니라

14 그러나 아담으로부터 모세까지 아담
의 범죄와 같은 죄를 짓지 아니한 자들
까지도 사망이 왕 노릇 하였나니 아담은
오실 자의 모형이라

15 그러나 이 은사는 그 범죄와 같지 아
니하니 곧 한 사람의 범죄를 인하여 많
은 사람이 죽었은즉 더욱 하나님의 은혜
와 또한 한 사람 예수 그리스도의 은혜
로 말미암은 선물은 많은 사람에게 넘쳤
느니라

16 또 이 선물은 범죄한 한 사람으로 말
미암은 것과 같지 아니하니 심판은 한
사람으로 말미암아 정죄에 이르렀으나
은사는 많은 범죄로 말미암아 의롭다 하
심에 이름이니라

17 한 사람의 범죄로 말미암아 사망이
그 한 사람을 통하여 왕 노릇 하였은즉
더욱 은혜와 의의 선물을 넘치게 받는
자들은 한 분 예수 그리스도를 통하여
생명 안에서 왕 노릇 하리로다

18 그런즉 한 범죄로 많은 사람이 정죄
에 이른 것 같이 한 의로운 행위로 말미
암아 많은 사람이 의롭다 하심을 받아
생명에 이르렀느니라

19 한 사람이 순종하지 아니함으로 많
은 사람이 죄인 된 것 같이 한 사람이 순
종하심으로 많은 사람이 의인이 되리라

아담과 그리스도

20 율법이 들어온 것은 범죄를 더하게
하려 함이라 그러나 죄가 더한 곳에 은
혜가 더욱 넘쳤나니

21 이는 죄가 사망 안에서 왕 노릇 한 것
같이 은혜도 또한 의로 말미암아 왕 노
릇 하여 우리 주 예수 그리스도로 말미
암아 영생에 이르게 하려 함이라

그리스도와 함께 죽고 함께 산다

6 그런즉 우리가 무슨 말을 하리요 은
혜를 더하게 하려고 죄에 거하겠느
냐

2 그럴 수 없느니라 죄에 대하여 죽은
우리가 어찌 그 가운데 더 살리요

3 무릇 그리스도 예수와 합하여 세례를
받은 우리는 그의 죽으심과 합하여 세례
를 받은 줄을 알지 못하느냐

4 그러므로 우리가 그의 죽으심과 합하
여 세례를 받음으로 그와 함께 장사되었
나니 이는 아버지의 영광으로 말미암아
그리스도를 죽은 자 가운데서 살리심과
같이 우리로 또한 새 생명 가운데서 행하
게 하려 함이라

5 만일 우리가 그의 죽으심과 같은 모
양으로 연합한 자가 되었으면 또한 그의
부활과 같은 모양으로 연합한 자도 되리
라

6 우리가 알거니와 우리의 옛 사람이
예수와 함께 십자가에 못 박힌 것은 죄
의 몸이 죽어 다시는 우리가 죄에게 종
노릇 하지 아니하려 함이니

7 이는 죽은 자가 죄에서 벗어나 의롭
다 하심을 얻었음이라

8 만일 우리가 그리스도와 함께 죽었
으면 또한 그와 함께 살 줄을 믿노니

9 이는 그리스도께서 죽은 자 가운데
서 살아나셨으매 다시 죽지 아니하시고
사망이 다시 그를 주장하지 못할 줄을
앎이로라

그리스도와 함께 죽고 함께 산다

10 그가 죽으심은 죄에 대하여 단번에
죽으심이요 그가 살아 계심은 하나님께
대하여 살아 계심이니

11 이와 같이 너희도 너희 자신을 죄에
대하여는 죽은 자요 그리스도 예수 안에
서 하나님께 대하여는 살아 있는 자로
여길지어다

12 그러므로 너희는 죄가 너희 죽을 몸
을 지배하지 못하게 하여 몸의 사욕에
순종하지 말고

13 또한 너희 지체를 불의의 무기로 죄
에게 내주지 말고 오직 너희 자신을 죽
은 자 가운데서 다시 살아난 자 같이 하
나님께 드리며 너희 지체를 의의 무기로
하나님께 드리라

14 죄가 너희를 주장하지 못하리니 이
는 너희가 법 아래에 있지 아니하고 은
혜 아래에 있음이라

의의 종

15 그런즉 어찌하리요 우리가 법 아래
에 있지 아니하고 은혜 아래에 있으니
죄를 지으리요 그럴 수 없느니라

16 너희 자신을 종으로 내주어 누구에
게 순종하든지 그 순종함을 받는 자의
종이 되는 줄을 너희가 알지 못하느냐
혹은 죄의 종으로 사망에 이르고 혹은
순종의 종으로 의에 이르느니라

17 하나님께 감사하리로다 너희가 본래
죄의 종이더니 너희에게 전하여 준 바
교훈의 본을 마음으로 순종하여

18 죄로부터 해방되어 의에게 종이 되
었느니라

19 너희 육신이 연약하므로 내가 사람
의 예대로 말하노니 전에 너희가 너희
지체를 부정과 불법에 내주어 불법에 이
른 것 같이 이제는 너희 지체를 의에게
종으로 내주어 거룩함에 이르라

20 너희가 죄의 종이 되었을 때에는 의
에 대하여 자유로웠느니라

의의 종

21 너희가 그 때에 무슨 열매를 얻었느냐
이제는 너희가 그 일을 부끄러워하나니
이는 그 마지막이 사망임이라

22 그러나 이제는 너희가 죄로부터 해
방되고 하나님께 종이 되어 거룩함에 이
르는 열매를 맺었으니 그 마지막은 영생
이라

23 죄의 삯은 사망이요 하나님의 은사
는 그리스도 예수 우리 주 안에 있는 영
생이니라

혼인 관계로 비유한 율법과 죄

7 형제들아 내가 법 아는 자들에게 말
하노니 너희는 그 법이 사람이 살 동
안만 그를 주관하는 줄 알지 못하느냐

2 남편 있는 여인이 그 남편 생전에는
법으로 그에게 매인 바 되나 만일 그 남
편이 죽으면 남편의 법에서 벗어나느니
라

3 그러므로 만일 그 남편 생전에 다른
남자에게 가면 음녀라 그러나 만일 남편
이 죽으면 그 법에서 자유롭게 되나니
다른 남자에게 갈지라도 음녀가 되지 아
니하느니라

4 그러므로 내 형제들아 너희도 그리
스도의 몸으로 말미암아 율법에 대하여
죽임을 당하였으니 이는 다른 이 곧 죽
은 자 가운데서 살아나신 이에게 가서
우리가 하나님을 위하여 열매를 맺게 하
려 함이라

5 우리가 육신에 있을 때에는 율법으
로 말미암는 죄의 정욕이 우리 지체 중
에 역사하여 우리로 사망을 위하여 열매
를 맺게 하였더니

6 이제는 우리가 얽매였던 것에 대하
여 죽었으므로 율법에서 벗어났으니 이
러므로 우리가 영의 새로운 것으로 섬길
것이요 율법 조문의 묵은 것으로 아니할
지니라

혼인 관계로 비유한 율법과 죄

7 그런즉 우리가 무슨 말을 하리요 율
법이 죄냐 그럴 수 없느니라 율법으로
말미암지 않고는 내가 죄를 알지 못하였
으니 곧 율법이 탐내지 말라 하지 아니
하였더라면 내가 탐심을 알지 못하였으
리라

8 그러나 죄가 기회를 타서 계명으로
말미암아 내 속에서 온갖 탐심을 이루었
나니 이는 율법이 없으면 죄가 죽은 것
임이라

9 전에 율법을 깨닫지 못했을 때에는
내가 살았더니 계명이 이르매 죄는 살아
나고 나는 죽었도다

10 생명에 이르게 할 그 계명이 내게 대
하여 도리어 사망에 이르게 하는 것이
되었도다

11 죄가 기회를 타서 계명으로 말미암아
나를 속이고 그것으로 나를 죽였는지라

12 이로 보건대 율법은 거룩하고 계명
도 거룩하고 의로우며 선하도다

13 그런즉 선한 것이 내게 사망이 되었느
냐 그럴 수 없느니라 오직 죄가 죄로 드
러나기 위하여 선한 그것으로 말미암아
나를 죽게 만들었으니 이는 계명으로 말
미암아 죄로 심히 죄 되게 하려 함이라

14 우리가 율법은 신령한 줄 알거니와
나는 육신에 속하여 죄 아래에 팔렸도다

15 내가 행하는 것을 내가 알지 못하노
니 곧 내가 원하는 것은 행하지 아니하
고 도리어 미워하는 것을 행함이라

16 만일 내가 원하지 아니하는 그것을
행하면 내가 이로써 율법이 선한 것을
시인하노니

17 이제는 그것을 행하는 자가 내가 아
니요 내 속에 거하는 죄니라

18 내 속 곧 내 육신에 선한 것이 거하지
아니하는 줄을 아노니 원함은 내게 있으
나 선을 행하는 것은 없노라

19 내가 원하는 바 선은 행하지 아니하
고 도리어 원하지 아니하는 바 악을 행
하는도다

20 만일 내가 원하지 아니하는 그것을
하면 이를 행하는 자는 내가 아니요 내
속에 거하는 죄니라

21 그러므로 내가 한 법을 깨달았노니
곧 선을 행하기 원하는 나에게 악이 함
께 있는 것이로다

22 내 속사람으로는 하나님의 법을 즐
거워하되

23 내 지체 속에서 한 다른 법이 내 마음
의 법과 싸워 내 지체 속에 있는 죄의 법
으로 나를 사로잡는 것을 보는도다

24 오호라 나는 곤고한 사람이로다 이
사망의 몸에서 누가 나를 건져내랴

25 우리 주 예수 그리스도로 말미암아
하나님께 감사하리로다 그런즉 내 자신
이 마음으로는 하나님의 법을 육신으로
는 죄의 법을 섬기노라

생명의 성령의 법

8 그러므로 이제 그리스도 예수 안에
있는 자에게는 결코 정죄함이 없나니

2 이는 그리스도 예수 안에 있는 생명
의 성령의 법이 죄와 사망의 법에서 너
를 해방하였음이라

3 율법이 육신으로 말미암아 연약하여
할 수 없는 그것을 하나님은 하시나니 곧
죄로 말미암아 자기 아들을 죄 있는 육신
의 모양으로 보내어 육신에 죄를 정하사

4 육신을 따르지 않고 그 영을 따라 행
하는 우리에게 율법의 요구가 이루어지
게 하려 하심이니라

5 육신을 따르는 자는 육신의 일을, 영
을 따르는 자는 영의 일을 생각하나니

6 육신의 생각은 사망이요 영의 생각
은 생명과 평안이니라

생명의 성령의 법

7 육신의 생각은 하나님과 원수가 되
나니 이는 하나님의 법에 굴복하지 아니
할 뿐 아니라 할 수도 없음이라

8 육신에 있는 자들은 하나님을 기쁘
시게 할 수 없느니라

9 만일 너희 속에 하나님의 영이 거하
시면 너희가 육신에 있지 아니하고 영에
있나니 누구든지 그리스도의 영이 없으
면 그리스도의 사람이 아니라

10 또 그리스도께서 너희 안에 계시면
몸은 죄로 말미암아 죽은 것이나 영은
의로 말미암아 살아 있는 것이니라

11 예수를 죽은 자 가운데서 살리신 이
의 영이 너희 안에 거하시면 그리스도
예수를 죽은 자 가운데서 살리신 이가
너희 안에 거하시는 그의 영으로 말미암
아 너희 죽을 몸도 살리시리라

12 그러므로 형제들아 우리가 빚진 자
로되 육신에게 져서 육신대로 살 것이
아니니라

13 너희가 육신대로 살면 반드시 죽을
것이로되 영으로써 몸의 행실을 죽이면
살리니

14 무릇 하나님의 영으로 인도함을 받
는 사람은 곧 하나님의 아들이라

15 너희는 다시 무서워하는 종의 영을
받지 아니하고 양자의 영을 받았으므로
우리가 아빠 아버지라고 부르짖느니라

16 성령이 친히 우리의 영과 더불어 우리
가 하나님의 자녀인 것을 증언하시나니

17 자녀이면 또한 상속자 곧 하나님의
상속자요 그리스도와 함께 한 상속자니
우리가 그와 함께 영광을 받기 위하여
고난도 함께 받아야 할 것이니라

모든 피조물이 구원을 고대하다

모든 피조물이 구원을 고대하다

18 생각하건대 현재의 고난은 장차 우
리에게 나타날 영광과 비교할 수 없도다

19 피조물이 고대하는 바는 하나님의
아들들이 나타나는 것이니

20 피조물이 허무한 데 굴복하는 것은
자기 뜻이 아니요 오직 굴복하게 하시는
이로 말미암음이라

21 그 바라는 것은 피조물도 썩어짐의
종 노릇 한 데서 해방되어 하나님의 자
녀들의 영광의 자유에 이르는 것이니라

22 피조물이 다 이제까지 함께 탄식하
며 함께 고통을 겪고 있는 것을 우리가
아느니라

23 그뿐 아니라 또한 우리 곧 성령의 처
음 익은 열매를 받은 우리까지도 속으로
탄식하여 양자 될 것 곧 우리 몸의 속량
을 기다리느니라

24 우리가 소망으로 구원을 얻었으매
보이는 소망이 소망이 아니니 보는 것을
누가 바라리요

25 만일 우리가 보지 못하는 것을 바라
면 참음으로 기다릴지니라

26 이와 같이 성령도 우리의 연약함을
도우시나니 우리는 마땅히 기도할 바를
알지 못하나 오직 성령이 말할 수 없는
탄식으로 우리를 위하여 친히 간구하시
느니라

27 마음을 살피시는 이가 성령의 생각
을 아시나니 이는 성령이 하나님의 뜻대
로 성도를 위하여 간구하심이니라

28 우리가 알거니와 하나님을 사랑하는
자 곧 그의 뜻대로 부르심을 입은 자들
에게는 모든 것이 합력하여 선을 이루느
니라

29 하나님이 미리 아신 자들을 또한 그
아들의 형상을 본받게 하기 위하여 미리
정하셨으니 이는 그로 많은 형제 중에서
맏아들이 되게 하려 하심이니라

30 또 미리 정하신 그들을 또한 부르시
고 부르신 그들을 또한 의롭다 하시고
의롭다 하신 그들을 또한 영화롭게 하셨
느니라

그리스도의 사랑 하나님의 사랑

그리스도의 사랑 하나님의 사랑

31 그런즉 이 일에 대하여 우리가 무슨
말 하리요 만일 하나님이 우리를 위하시
면 누가 우리를 대적하리요

32 자기 아들을 아끼지 아니하시고 우
리 모든 사람을 위하여 내주신 이가 어
찌 그 아들과 함께 모든 것을 우리에게
주시지 아니하겠느냐

33 누가 능히 하나님께서 택하신 자들
을 고발하리요 의롭다 하신 이는 하나님
이시니

34 누가 정죄하리요 죽으실 뿐 아니라
다시 살아나신 이는 그리스도 예수시니
그는 하나님 우편에 계신 자요 우리를
위하여 간구하시는 자시니라

35 누가 우리를 그리스도의 사랑에서
끊으리요 환난이나 곤고나 박해나 기근
이나 적신이나 위험이나 칼이랴

36 기록된 바 우리가 종일 주를 위하여
죽임을 당하게 되며 도살 당할 양 같이
여김을 받았나이다 함과 같으니라

37 그러나 이 모든 일에 우리를 사랑하
시는 이로 말미암아 우리가 넉넉히 이기
느니라

38 내가 확신하노니 사망이나 생명이나
천사들이나 권세자들이나 현재 일이나
장래 일이나 능력이나

39 높음이나 깊음이나 다른 어떤 피조
물이라도 우리를 우리 주 그리스도 예수
안에 있는 하나님의 사랑에서 끊을 수
없으리라

약속의 자녀 약속의 말씀

약속의 자녀 약속의 말씀

9 1-2 내가 그리스도 안에서 참말을
하고 거짓말을 아니하노라 나에게
큰 근심이 있는 것과 마음에 그치지 않
는 고통이 있는 것을 내 양심이 성령 안
에서 나와 더불어 증언하노니

3 나의 형제 곧 골육의 친척을 위하여
내 자신이 저주를 받아 그리스도에게서
끊어질지라도 원하는 바로라

4 그들은 이스라엘 사람이라 그들에게
는 양자 됨과 영광과 언약들과 율법을
세우신 것과 예배와 약속들이 있고

5 조상들도 그들의 것이요 육신으로
하면 그리스도가 그들에게서 나셨으니
그는 만물 위에 계셔서 세세에 찬양을
받으실 하나님이시니라 아멘

6 그러나 하나님의 말씀이 폐하여진
것 같지 않도다 이스라엘에게서 난 그들
이 다 이스라엘이 아니요

7 또한 아브라함의 씨가 다 그의 자녀
가 아니라 오직 이삭으로부터 난 자라야
네 씨라 불리리라 하셨으니

8 곧 육신의 자녀가 하나님의 자녀가
아니요 오직 약속의 자녀가 씨로 여기심
을 받느니라

9 약속의 말씀은 이것이니 명년 이 때
에 내가 이르리니 사라에게 아들이 있으
리라 하심이라

10 그뿐 아니라 또한 리브가가 우리 조
상 이삭 한 사람으로 말미암아 임신하였
는데

11 그 자식들이 아직 나지도 아니하고
무슨 선이나 악을 행하지 아니한 때에
택하심을 따라 되는 하나님의 뜻이 행위
로 말미암지 않고 오직 부르시는 이로
말미암아 서게 하려 하사

12 리브가에게 이르시되 큰 자가 어린
자를 섬기리라 하셨나니

13 기록된 바 내가 야곱은 사랑하고 에
서는 미워하였다 하심과 같으니라

14 그런즉 우리가 무슨 말을 하리요 하
나님께 불의가 있느냐 그럴 수 없느니라

15 모세에게 이르시되 내가 긍휼히 여
길 자를 긍휼히 여기고 불쌍히 여길 자
를 불쌍히 여기리라 하셨으니

16 그런즉 원하는 자로 말미암음도 아
니요 달음박질하는 자로 말미암음도 아
니요 오직 긍휼히 여기시는 하나님으로
말미암음이니라

17 성경이 바로에게 이르시되 내가 이
일을 위하여 너를 세웠으니 곧 너로 말
미암아 내 능력을 보이고 내 이름이 온
땅에 전파되게 하려 함이라 하셨으니

18 그런즉 하나님께서 하고자 하시는
자를 긍휼히 여기시고 하고자 하시는 자
를 완악하게 하시느니라

하나님의 진노와 긍휼

19 혹 네가 내게 말하기를 그러면 하나
님이 어찌하여 허물하시느냐 누가 그 뜻
을 대적하느냐 하리니

20 이 사람아 네가 누구이기에 감히 하
나님께 반문하느냐 지음을 받은 물건이
지은 자에게 어찌 나를 이같이 만들었느
냐 말하겠느냐

21 토기장이가 진흙 한 덩이로 하나는
귀히 쓸 그릇을, 하나는 천히 쓸 그릇을
만들 권한이 없느냐

22 만일 하나님이 그의 진노를 보이시
고 그의 능력을 알게 하고자 하사 멸하
기로 준비된 진노의 그릇을 오래 참으심
으로 관용하시고

23 또한 영광 받기로 예비하신 바 긍휼
의 그릇에 대하여 그 영광의 풍성함을
알게 하고자 하셨을지라도 무슨 말을 하
리요

하나님의 진노와 긍휼

24 이 그릇은 우리니 곧 유대인 중에서
뿐 아니라 이방인 중에서도 부르신 자니
라

25 호세아의 글에도 이르기를 내가 내
백성 아닌 자를 내 백성이라, 사랑하지
아니한 자를 사랑한 자라 부르리라

26 너희는 내 백성이 아니라 한 그 곳에
서 그들이 살아 계신 하나님의 아들이라
일컬음을 받으리라 함과 같으니라

27 또 이사야가 이스라엘에 관하여 외
치되 이스라엘 자손들의 수가 비록 바다
의 모래 같을지라도 남은 자만 구원을
받으리니

28 주께서 땅 위에서 그 말씀을 이루고
속히 시행하시리라 하셨느니라

29 또한 이사야가 미리 말한 바 만일 만
군의 주께서 우리에게 씨를 남겨 두지
아니하셨더라면 우리가 소돔과 같이 되
고 고모라와 같았으리로다 함과 같으니
라

믿음에서 난 의

30 그런즉 우리가 무슨 말을 하리요 의를
따르지 아니한 이방인들이 의를 얻었으니
곧 믿음에서 난 의요

31 의의 법을 따라간 이스라엘은 율법
에 이르지 못하였으니

32 어찌 그러하냐 이는 그들이 믿음을
의지하지 않고 행위를 의지함이라 부딪
칠 돌에 부딪쳤느니라

33 기록된 바 보라 내가 걸림돌과 거치
는 바위를 시온에 두노니 그를 믿는 자
는 부끄러움을 당하지 아니하리라 함과
같으니라

10 형제들아 내 마음에 원하는 바와
하나님께 구하는 바는 이스라엘
을 위함이니 곧 그들로 구원을 받게 함
이라

믿음에서 난 의

2 내가 증언하노니 그들이 하나님께
열심이 있으나 올바른 지식을 따른 것이
아니니라

3 하나님의 의를 모르고 자기 의를 세
우려고 힘써 하나님의 의에 복종하지 아
니하였느니라

4 그리스도는 모든 믿는 자에게 의를
이루기 위하여 율법의 마침이 되시니라

5 모세가 기록하되 율법으로 말미암는
의를 행하는 사람은 그 의로 살리라 하
였거니와

6 믿음으로 말미암는 의는 이같이 말
하되 네 마음에 누가 하늘에 올라가겠느
냐 하지 말라 하니 올라가겠느냐 함은
그리스도를 모셔 내리려는 것이요

7 혹은 누가 무저갱에 내려가겠느냐
하지 말라 하니 내려가겠느냐 함은 그리
스도를 죽은 자 가운데서 모셔 올리려는
것이라

8 그러면 무엇을 말하느냐 말씀이 네
게 가까워 네 입에 있으며 네 마음에 있
다 하였으니 곧 우리가 전파하는 믿음의
말씀이라

9 네가 만일 네 입으로 예수를 주로 시
인하며 또 하나님께서 그를 죽은 자 가
운데서 살리신 것을 네 마음에 믿으면
구원을 받으리라

10 사람이 마음으로 믿어 의에 이르고 입
으로 시인하여 구원에 이르느니라

11 성경에 이르되 누구든지 그를 믿는
자는 부끄러움을 당하지 아니하리라 하
니

12 유대인이나 헬라인이나 차별이 없음
이라 한 분이신 주께서 모든 사람의 주
가 되사 그를 부르는 모든 사람에게 부
요하시도다

13 누구든지 주의 이름을 부르는 자는
구원을 받으리라

14 그런즉 그들이 믿지 아니하는 이를
어찌 부르리요 듣지도 못한 이를 어찌
믿으리요 전파하는 자가 없이 어찌 들으
리요

15 보내심을 받지 아니하였으면 어찌
전파하리요 기록된 바 아름답도다 좋은
소식을 전하는 자들의 발이여 함과 같으
니라

믿음과 들음과 그리스도의 말씀

16 그러나 그들이 다 복음을 순종하지
아니하였도다 이사야가 이르되 주여 우
리가 전한 것을 누가 믿었나이까 하였으
니

17 그러므로 믿음은 들음에서 나며 들
음은 그리스도의 말씀으로 말미암았느
니라

18 그러나 내가 말하노니 그들이 듣지
아니하였느냐 그렇지 아니하니 그 소리
가 온 땅에 퍼졌고 그 말씀이 땅 끝까지
이르렀도다 하였느니라

19 그러나 내가 말하노니 이스라엘이 알
지 못하였느냐 먼저 모세가 이르되 내가
백성 아닌 자로써 너희를 시기하게 하며
미련한 백성으로써 너희를 노엽게 하리
라 하였고

20 이사야는 매우 담대하여 내가 나를
찾지 아니한 자들에게 찾은 바 되고 내
게 묻지 아니한 자들에게 나타났노라 말
하였고

21 이스라엘에 대하여 이르되 순종하지
아니하고 거슬러 말하는 백성에게 내가
종일 내 손을 벌렸노라 하였느니라

이스라엘의 남은 자

11 그러므로 내가 말하노니 하나님이
자기 백성을 버리셨느냐 그럴 수
없느니라 나도 이스라엘인이요 아브라
함의 씨에서 난 자요 베냐민 지파라

믿음과 들음과 그리스도의 말씀

이스라엘의 남은 자

2 하나님이 그 미리 아신 자기 백성을
버리지 아니하셨나니 너희가 성경이 엘
리야를 가리켜 말한 것을 알지 못하느냐
그가 이스라엘을 하나님께 고발하되

3 주여 그들이 주의 선지자들을 죽였
으며 주의 제단들을 헐어 버렸고 나만
남았는데 내 목숨도 찾나이다 하니

4 그에게 하신 대답이 무엇이냐 내가
나를 위하여 바알에게 무릎을 꿇지 아니
한 사람 칠천 명을 남겨 두었다 하셨으
니

5 그런즉 이와 같이 지금도 은혜로 택
하심을 따라 남은 자가 있느니라

6 만일 은혜로 된 것이면 행위로 말미
암지 않음이니 그렇지 않으면 은혜가 은
혜 되지 못하느니라

7 그런즉 어떠하냐 이스라엘이 구하는
그것을 얻지 못하고 오직 택하심을 입은
자가 얻었고 그 남은 자들은 우둔하여졌
느니라

8 기록된 바 하나님이 오늘까지 그들
에게 혼미한 심령과 보지 못할 눈과 듣
지 못할 귀를 주셨다 함과 같으니라

9 또 다윗이 이르되 그들의 밥상이 올
무와 덫과 거치는 것과 보응이 되게 하
시옵고

10 그들의 눈은 흐려 보지 못하고 그들
의 등은 항상 굽게 하옵소서 하였느니
라

11 그러므로 내가 말하노니 그들이 넘
어지기까지 실족하였느냐 그럴 수 없느
니라 그들이 넘어짐으로 구원이 이방인
에게 이르러 이스라엘로 시기나게 함이
니라

12 그들의 넘어짐이 세상의 풍성함이
되며 그들의 실패가 이방인의 풍성함이
되거든 하물며 그들의 충만함이리요

이방인의 구원

이방인의 구원

13 내가 이방인인 너희에게 말하노라
내가 이방인의 사도인 만큼 내 직분을
영광스럽게 여기노니

14 이는 혹 내 골육을 아무쪼록 시기하
게 하여 그들 중에서 얼마를 구원하려
함이라

15 그들을 버리는 것이 세상의 화목이
되거든 그 받아들이는 것이 죽은 자 가
운데서 살아나는 것이 아니면 무엇이리
요

16 제사하는 처음 익은 곡식 가루가 거
룩한즉 떡덩이도 그러하고 뿌리가 거룩
한즉 가지도 그러하니라

17 또한 가지 얼마가 꺾이었는데 돌감
람나무인 네가 그들 중에 접붙임이 되어
참감람나무 뿌리의 진액을 함께 받는 자
가 되었은즉

18 그 가지들을 향하여 자랑하지 말라
자랑할지라도 네가 뿌리를 보전하는 것
이 아니요 뿌리가 너를 보전하는 것이니
라

19 그러면 네 말이 가지들이 꺾인 것은
나로 접붙임을 받게 하려 함이라 하리니

20 옳도다 그들은 믿지 아니하므로 꺾이
고 너는 믿으므로 섰느니라 높은 마음을
품지 말고 도리어 두려워하라

21 하나님이 원 가지들도 아끼지 아니
하셨은즉 너도 아끼지 아니하시리라

22 그러므로 하나님의 인자하심과 준엄
하심을 보라 넘어지는 자들에게는 준엄
하심이 있으니 너희가 만일 하나님의 인
자하심에 머물러 있으면 그 인자가 너희
에게 있으리라 그렇지 않으면 너도 찍히
는 바 되리라

23 그들도 믿지 아니하는 데 머무르지
아니하면 접붙임을 받으리니 이는 그들
을 접붙이실 능력이 하나님께 있음이라

24 네가 원 돌감람나무에서 찍힘을 받
고 본성을 거슬러 좋은 감람나무에 접붙
임을 받았으니 원 가지인 이 사람들이야
얼마나 더 자기 감람나무에 접붙이심을
받으랴

이스라엘의 구원

이스라엘의 구원

25 형제들아 너희가 스스로 지혜 있다
하면서 이 신비를 너희가 모르기를 내가
원하지 아니하노니 이 신비는 이방인의
충만한 수가 들어오기까지 이스라엘의
더러는 우둔하게 된 것이라

26 그리하여 온 이스라엘이 구원을 받
으리라 기록된 바 구원자가 시온에서 오
사 야곱에게서 경건하지 않은 것을 돌이
키시겠고

27 내가 그들의 죄를 없이 할 때에 그들
에게 이루어질 내 언약이 이것이라 함과
같으니라

28 복음으로 하면 그들이 너희로 말미암
아 원수 된 자요 택하심으로 하면 조상들
로 말미암아 사랑을 입은 자라

29 하나님의 은사와 부르심에는 후회하
심이 없느니라

30 너희가 전에는 하나님께 순종하지
아니하더니 이스라엘이 순종하지 아니
함으로 이제 긍휼을 입었는지라

31 이와 같이 이 사람들이 순종하지 아
니하니 이는 너희에게 베푸시는 긍휼로
이제 그들도 긍휼을 얻게 하려 하심이라

32 하나님이 모든 사람을 순종하지 아
니하는 가운데 가두어 두심은 모든 사람
에게 긍휼을 베풀려 하심이로다

33 깊도다 하나님의 지혜와 지식의 풍
성함이여, 그의 판단은 헤아리지 못할
것이며 그의 길은 찾지 못할 것이로다

34 누가 주의 마음을 알았느냐 누가 그
의 모사가 되었느냐

35 누가 주께 먼저 드려서 갚으심을 받
겠느냐

36 이는 만물이 주에게서 나오고 주로
말미암고 주에게로 돌아감이라 그에게
영광이 세세에 있을지어다 아멘

하나님의 뜻을 분별하는 새 생활

12 그러므로 형제들아 내가 하나님
의 모든 자비하심으로 너희를 권
하노니 너희 몸을 하나님이 기뻐하시는
거룩한 산 제물로 드리라 이는 너희가
드릴 영적 예배니라

2 너희는 이 세대를 본받지 말고 오직
마음을 새롭게 함으로 변화를 받아 하나
님의 선하시고 기뻐하시고 온전하신 뜻
이 무엇인지 분별하도록 하라

3 내게 주신 은혜로 말미암아 너희 각
사람에게 말하노니 마땅히 생각할 그 이
상의 생각을 품지 말고 오직 하나님께서
각 사람에게 나누어 주신 믿음의 분량대
로 지혜롭게 생각하라

4 우리가 한 몸에 많은 지체를 가졌으
나 모든 지체가 같은 기능을 가진 것이
아니니

5 이와 같이 우리 많은 사람이 그리스
도 안에서 한 몸이 되어 서로 지체가 되
었느니라

6 우리에게 주신 은혜대로 받은 은사
가 각각 다르니 혹 예언이면 믿음의 분
수대로,

7 혹 섬기는 일이면 섬기는 일로, 혹 가
르치는 자면 가르치는 일로,

8 혹 위로하는 자면 위로하는 일로, 구
제하는 자는 성실함으로, 다스리는 자는
부지런함으로, 긍휼을 베푸는 자는 즐거
움으로 할 것이니라

9 사랑에는 거짓이 없나니 악을 미워
하고 선에 속하라

10 형제를 사랑하여 서로 우애하고 존
경하기를 서로 먼저 하며

하나님의 뜻을 분별하는 새 생활

11 부지런하여 게으르지 말고 열심을
품고 주를 섬기라

12 소망 중에 즐거워하며 환난 중에 참
으며 기도에 항상 힘쓰며

13 성도들의 쓸 것을 공급하며 손 대접
하기를 힘쓰라

그리스도인의 생활

14 너희를 박해하는 자를 축복하라 축
복하고 저주하지 말라

15 즐거워하는 자들과 함께 즐거워하고
우는 자들과 함께 울라

16 서로 마음을 같이하며 높은 데 마음
을 두지 말고 도리어 낮은 데 처하며 스
스로 지혜 있는 체 하지 말라

17 아무에게도 악을 악으로 갚지 말고
모든 사람 앞에서 선한 일을 도모하라

18 할 수 있거든 너희로서는 모든 사람
과 더불어 화목하라

19 내 사랑하는 자들아 너희가 친히 원
수를 갚지 말고 하나님의 진노하심에 맡
기라 기록되었으되 원수 갚는 것이 내게
있으니 내가 갚으리라고 주께서 말씀하
시니라

20 네 원수가 주리거든 먹이고 목마르
거든 마시게 하라 그리함으로 네가 숯불
을 그 머리에 쌓아 놓으리라

21 악에게 지지 말고 선으로 악을 이기라

그리스도인과 세상 권세

13 각 사람은 위에 있는 권세들에게
복종하라 권세는 하나님으로부터
나지 않음이 없나니 모든 권세는 다 하
나님께서 정하신 바라

2 그러므로 권세를 거스르는 자는 하
나님의 명을 거스름이니 거스르는 자들
은 심판을 자취하리라

그리스도인의 생활

그리스도인과 세상 권세

3 다스리는 자들은 선한 일에 대하여
두려움이 되지 않고 악한 일에 대하여
되나니 네가 권세를 두려워하지 아니하
려느냐 선을 행하라 그리하면 그에게 칭
찬을 받으리라

4 그는 하나님의 사역자가 되어 네게
선을 베푸는 자니라 그러나 네가 악을
행하거든 두려워하라 그가 공연히 칼을
가지지 아니하였으니 곧 하나님의 사역
자가 되어 악을 행하는 자에게 진노하심
을 따라 보응하는 자니라

5 그러므로 복종하지 아니할 수 없으
니 진노 때문에 할 것이 아니라 양심을
따라 할 것이라

6 너희가 조세를 바치는 것도 이로 말미
암음이라 그들이 하나님의 일꾼이 되어
바로 이 일에 항상 힘쓰느니라

7 모든 자에게 줄 것을 주되 조세를 받
을 자에게 조세를 바치고 관세를 받을
자에게 관세를 바치고 두려워할 자를 두
려워하며 존경할 자를 존경하라

사랑은 율법의 완성

8 피차 사랑의 빚 외에는 아무에게든
지 아무 빚도 지지 말라 남을 사랑하는
자는 율법을 다 이루었느니라

9 간음하지 말라, 살인하지 말라, 도둑
질하지 말라, 탐내지 말라 한 것과 그 외
에 다른 계명이 있을지라도 네 이웃을
네 자신과 같이 사랑하라 하신 그 말씀
가운데 다 들었느니라

10 사랑은 이웃에게 악을 행하지 아니
하나니 그러므로 사랑은 율법의 완성이
니라

구원의 때가 가까워졌다

11 또한 너희가 이 시기를 알거니와 자
다가 깰 때가 벌써 되었으니 이는 이제
우리의 구원이 처음 믿을 때보다 가까웠
음이라

사랑은 율법의 완성

구원의 때가 가까워졌다

12 밤이 깊고 낮이 가까웠으니 그러므
로 우리가 어둠의 일을 벗고 빛의 갑옷
을 입자

13 낮에와 같이 단정히 행하고 방탕하거
나 술 취하지 말며 음란하거나 호색하지
말며 다투거나 시기하지 말고

14 오직 주 예수 그리스도로 옷 입고 정
욕을 위하여 육신의 일을 도모하지 말라

형제를 비판하지 말라

14 믿음이 연약한 자를 너희가 받되
그의 의견을 비판하지 말라

2 어떤 사람은 모든 것을 먹을 만한 믿
음이 있고 믿음이 연약한 자는 채소만
먹느니라

3 먹는 자는 먹지 않는 자를 업신여기
지 말고 먹지 않는 자는 먹는 자를 비판
하지 말라 이는 하나님이 그를 받으셨음
이라

4 남의 하인을 비판하는 너는 누구냐
그가 서 있는 것이나 넘어지는 것이 자
기 주인에게 있으매 그가 세움을 받으리
니 이는 그를 세우시는 권능이 주께 있
음이라

5 어떤 사람은 이 날을 저 날보다 낫게
여기고 어떤 사람은 모든 날을 같게 여
기나니 각각 자기 마음으로 확정할지니
라

6 날을 중히 여기는 자도 주를 위하여
중히 여기고 먹는 자도 주를 위하여 먹
으니 이는 하나님께 감사함이요 먹지 않
는 자도 주를 위하여 먹지 아니하며 하
나님께 감사하느니라

7 우리 중에 누구든지 자기를 위하여
사는 자가 없고 자기를 위하여 죽는 자
도 없도다

8 우리가 살아도 주를 위하여 살고 죽
어도 주를 위하여 죽나니 그러므로 사나
죽으나 우리가 주의 것이로다

형제를 비판하지 말라

9 이를 위하여 그리스도께서 죽었다가
다시 살아나셨으니 곧 죽은 자와 산 자
의 주가 되려 하심이라

10 네가 어찌하여 네 형제를 비판하느
냐 어찌하여 네 형제를 업신여기느냐 우
리가 다 하나님의 심판대 앞에 서리라

11 기록되었으되 주께서 이르시되 내가
살았노니 모든 무릎이 내게 꿇을 것이요
모든 혀가 하나님께 자백하리라 하였느
니라

12 이러므로 우리 각 사람이 자기 일을
하나님께 직고하리라

형제로 거리끼게 하지 말라

13 그런즉 우리가 다시는 서로 비판하
지 말고 도리어 부딪칠 것이나 거칠 것
을 형제 앞에 두지 아니하도록 주의하라

14 내가 주 예수 안에서 알고 확신하노
니 무엇이든지 스스로 속된 것이 없으되
다만 속되게 여기는 그 사람에게는 속되
니라

15 만일 음식으로 말미암아 네 형제가
근심하게 되면 이는 네가 사랑으로 행하
지 아니함이라 그리스도께서 대신하여
죽으신 형제를 네 음식으로 망하게 하지
말라

16 그러므로 너희의 선한 것이 비방을
받지 않게 하라

17 하나님의 나라는 먹는 것과 마시는
것이 아니요 오직 성령 안에 있는 의와
평강과 희락이라

18 이로써 그리스도를 섬기는 자는 하
나님을 기쁘시게 하며 사람에게도 칭찬
을 받느니라

19 그러므로 우리가 화평의 일과 서로
덕을 세우는 일을 힘쓰나니

형제로 거리끼게 하지 말라

20 음식으로 말미암아 하나님의 사업을
무너지게 하지 말라 만물이 다 깨끗하되
거리낌으로 먹는 사람에게는 악한 것이
라

21 고기도 먹지 아니하고 포도주도 마시
지 아니하고 무엇이든지 네 형제로 거리
끼게 하는 일을 아니함이 아름다우니라

22 네게 있는 믿음을 하나님 앞에서 스
스로 가지고 있으라 자기가 옳다 하는
바로 자기를 정죄하지 아니하는 자는 복
이 있도다

23 의심하고 먹는 자는 정죄되었나니
이는 믿음을 따라 하지 아니하였기 때문
이라 믿음을 따라 하지 아니하는 것은
다 죄니라

선을 이루고 덕을 세우라

15 믿음이 강한 우리는 마땅히 믿음
이 약한 자의 약점을 담당하고 자
기를 기쁘게 하지 아니할 것이라

2 우리 각 사람이 이웃을 기쁘게 하되
선을 이루고 덕을 세우도록 할지니라

3 그리스도께서도 자기를 기쁘게 하지
아니하셨나니 기록된 바 주를 비방하는
자들의 비방이 내게 미쳤나이다 함과 같
으니라

4 무엇이든지 전에 기록된 바는 우리
의 교훈을 위하여 기록된 것이니 우리로
하여금 인내로 또는 성경의 위로로 소망
을 가지게 함이니라

5 이제 인내와 위로의 하나님이 너희
로 그리스도 예수를 본받아 서로 뜻이
같게 하여 주사

6 한마음과 한 입으로 하나님 곧 우리
주 예수 그리스도의 아버지께 영광을 돌
리게 하려 하노라

7 그러므로 그리스도께서 우리를 받아
하나님께 영광을 돌리심과 같이 너희도
서로 받으라

선을 이루고 덕을 세우라

8 내가 말하노니 그리스도께서 하나님
의 진실하심을 위하여 할례의 추종자가
되셨으니 이는 조상들에게 주신 약속들
을 견고하게 하시고

9 이방인들도 그 긍휼하심으로 말미암
아 하나님께 영광을 돌리게 하려 하심이
라 기록된 바 그러므로 내가 열방 중에
서 주께 감사하고 주의 이름을 찬송하리
로다 함과 같으니라

10 또 이르되 열방들아 주의 백성과 함
께 즐거워하라 하였으며

11 또 모든 열방들아 주를 찬양하며 모
든 백성들아 그를 찬송하라 하였으며

12 또 이사야가 이르되 이새의 뿌리 곧
열방을 다스리기 위하여 일어나시는 이
가 있으리니 열방이 그에게 소망을 두리
라 하였느니라

13 소망의 하나님이 모든 기쁨과 평강
을 믿음 안에서 너희에게 충만하게 하사
성령의 능력으로 소망이 넘치게 하시기
를 원하노라

하나님의 복음의 제사장 직분

하나님의 복음의 제사장 직분

14 내 형제들아 너희가 스스로 선함이 가
득하고 모든 지식이 차서 능히 서로 권하
는 자임을 나도 확신하노라

15 그러나 내가 너희로 다시 생각나게
하려고 하나님께서 내게 주신 은혜로 말
미암아 더욱 담대히 대략 너희에게 썼노
니

16 이 은혜는 곧 나로 이방인을 위하여
그리스도 예수의 일꾼이 되어 하나님의
복음의 제사장 직분을 하게 하사 이방인
을 제물로 드리는 것이 성령 안에서 거
룩하게 되어 받으실 만하게 하려 하심이
라

17 그러므로 내가 그리스도 예수 안에
서 하나님의 일에 대하여 자랑하는 것이
있거니와

18 그리스도께서 이방인들을 순종하게
하기 위하여 나를 통하여 역사하신 것
외에는 내가 감히 말하지 아니하노라 그
일은 말과 행위로

19 표적과 기사의 능력으로 성령의 능력
으로 이루어졌으며 그리하여 내가 예루
살렘으로부터 두루 행하여 일루리곤까지
그리스도의 복음을 편만하게 전하였노라

20 또 내가 그리스도의 이름을 부르는
곳에는 복음을 전하지 않기를 힘썼노니
이는 남의 터 위에 건축하지 아니하려
함이라

21 기록된 바 주의 소식을 받지 못한 자
들이 볼 것이요 듣지 못한 자들이 깨달
으리라 함과 같으니라

바울의 로마 방문 계획

22 그러므로 또한 내가 너희에게 가려
하던 것이 여러 번 막혔더니

23 이제는 이 지방에 일할 곳이 없고 또
여러 해 전부터 언제든지 서바나로 갈
때에 너희에게 가기를 바라고 있었으니

24 이는 지나가는 길에 너희를 보고 먼
저 너희와 사귐으로 얼마간 기쁨을 가
진 후에 너희가 그리로 보내주기를 바
람이라

25 그러나 이제는 내가 성도를 섬기는
일로 예루살렘에 가노니

26 이는 마게도냐와 아가야 사람들이
예루살렘 성도 중 가난한 자들을 위하여
기쁘게 얼마를 연보하였음이라

27 저희가 기뻐서 하였거니와 또한 저
희는 그들에게 빚진 자니 만일 이방인들
이 그들의 영적인 것을 나눠 가졌으면
육적인 것으로 그들을 섬기는 것이 마땅
하니라

28 그러므로 내가 이 일을 마치고 이 열
매를 그들에게 확증한 후에 너희에게 들
렀다가 서바나로 가리라

바울의 로마 방문 계획

29 내가 너희에게 나아갈 때에 그리스도
의 충만한 복을 가지고 갈 줄을 아노라

30 형제들아 내가 우리 주 예수 그리스
도와 성령의 사랑으로 말미암아 너희를
권하노니 너희 기도에 나와 힘을 같이하
여 나를 위하여 하나님께 빌어

31 나로 유대에서 순종하지 아니하는
자들로부터 건짐을 받게 하고 또 예루살
렘에 대하여 내가 섬기는 일을 성도들이
받을 만하게 하고

32 나로 하나님의 뜻을 따라 기쁨으로
너희에게 나아가 너희와 함께 편히 쉬게
하라

33 평강의 하나님께서 너희 모든 사람
과 함께 계실지어다 아멘

인사

16 내가 겐그레아 교회의 일꾼으로
있는 우리 자매 뵈뵈를 너희에게
추천하노니

2 너희는 주 안에서 성도들의 합당한
예절로 그를 영접하고 무엇이든지 그에
게 소용되는 바를 도와 줄지니 이는 그
가 여러 사람과 나의 보호자가 되었음
이라

3 너희는 그리스도 예수 안에서 나의
동역자들인 브리스가와 아굴라에게 문
안하라

4 그들은 내 목숨을 위하여 자기들의
목까지도 내놓았나니 나뿐 아니라 이방
인의 모든 교회도 그들에게 감사하느니
라

5 또 저의 집에 있는 교회에도 문안하
라 내가 사랑하는 에배네도에게 문안하
라 그는 아시아에서 그리스도께 처음 맺
은 열매니라

6 너희를 위하여 많이 수고한 마리아
에게 문안하라

인사

7 내 친척이요 나와 함께 갇혔던 안드
로니고와 유니아에게 문안하라 그들은
사도들에게 존중히 여겨지고 또한 나보
다 먼저 그리스도 안에 있는 자라

8 또 주 안에서 내 사랑하는 암블리아
에게 문안하라

9 그리스도 안에서 우리의 동역자인
우르바노와 나의 사랑하는 스다구에게
문안하라

10 그리스도 안에서 인정함을 받은 아
벨레에게 문안하라 아리스도불로의 권
속에게 문안하라

11 내 친척 헤로디온에게 문안하라 나
깃수의 가족 중 주 안에 있는 자들에게
문안하라

12 주 안에서 수고한 드루배나와 드루
보사에게 문안하라 주 안에서 많이 수고
하고 사랑하는 버시에게 문안하라

13 주 안에서 택하심을 입은 루포와 그
의 어머니에게 문안하라 그의 어머니는
곧 내 어머니니라

14 아순그리도와 블레곤과 허메와 바드
로바와 허마와 및 그들과 함께 있는 형
제들에게 문안하라

15 빌롤로고와 율리아와 또 네레오와
그의 자매와 올름바와 그들과 함께 있는
모든 성도에게 문안하라

16 너희가 거룩하게 입맞춤으로 서로
문안하라 그리스도의 모든 교회가 다 너
희에게 문안하느니라

17 형제들아 내가 너희를 권하노니 너
희가 배운 교훈을 거슬러 분쟁을 일으키
거나 거치게 하는 자들을 살피고 그들에
게서 떠나라

18 이같은 자들은 우리 주 그리스도를
섬기지 아니하고 다만 자기들의 배만 섬
기나니 교활한 말과 아첨하는 말로 순진
한 자들의 마음을 미혹하느니라

19 너희의 순종함이 모든 사람에게 들
리는지라 그러므로 내가 너희로 말미암
아 기뻐하노니 너희가 선한 데 지혜롭고
악한 데 미련하기를 원하노라

20 평강의 하나님께서 속히 사탄을 너
희 발 아래에서 상하게 하시리라 우리
주 예수의 은혜가 너희에게 있을지어다

문안과 찬양

21 나의 동역자 디모데와 나의 친척 누
기오와 야손과 소시바더가 너희에게 문
안하느니라

22 이 편지를 기록하는 나 더디오도 주
안에서 너희에게 문안하노라

23 나와 온 교회를 돌보아 주는 가이오
도 너희에게 문안하고 이 성의 재무관
에라스도와 형제 구아도도 너희에게 문
안하느니라

24 (없음)

25 나의 복음과 예수 그리스도를 전파
함은 영세 전부터 감추어졌다가

26 이제는 나타내신 바 되었으며 영원
하신 하나님의 명을 따라 선지자들의 글
로 말미암아 모든 민족이 믿어 순종하게
하시려고 알게 하신 바 그 신비의 계시
를 따라 된 것이니 이 복음으로 너희를
능히 견고하게 하실

27 지혜로우신 하나님께 예수 그리스도
로 말미암아 영광이 세세무궁하도록 있
을지어다 아멘

문안과 찬양

고린도전서 1Corinthians

인사와 감사

인사와 감사

1 하나님의 뜻을 따라 그리스도 예수의 사도로 부르심을 받은 바울과 형제 소스데네는

2 고린도에 있는 하나님의 교회 곧 그리스도 예수 안에서 거룩하여지고 성도라 부르심을 받은 자들과 또 각처에서 우리의 주 곧 그들과 우리의 주 되신 예수 그리스도의 이름을 부르는 모든 자들에게

3 하나님 우리 아버지와 주 예수 그리스도로부터 은혜와 평강이 있기를 원하노라

4 그리스도 예수 안에서 너희에게 주신 하나님의 은혜로 말미암아 내가 너희를 위하여 항상 하나님께 감사하노니

5 이는 너희가 그 안에서 모든 일 곧 모든 언변과 모든 지식에 풍족하므로

6 그리스도의 증거가 너희 중에 견고하게 되어

7 너희가 모든 은사에 부족함이 없이 우리 주 예수 그리스도의 나타나심을 기다림이라

8 주께서 너희를 우리 주 예수 그리스도의 날에 책망할 것이 없는 자로 끝까지 견고하게 하시리라

9 너희를 불러 그의 아들 예수 그리스도 우리 주와 더불어 교제하게 하시는 하나님은 미쁘시도다

고린도 교회의 분쟁

고린도 교회의 분쟁

10 형제들아 내가 우리 주 예수 그리스도의 이름으로 너희를 권하노니 모두가 같은 말을 하고 너희 가운데 분쟁이 없이 같은 마음과 같은 뜻으로 온전히 합하라

11 내 형제들아 글로에의 집 편으로 너
희에 대한 말이 내게 들리니 곧 너희 가
운데 분쟁이 있다는 것이라

12 내가 이것을 말하거니와 너희가 각
각 이르되 나는 바울에게, 나는 아볼로
에게, 나는 게바에게, 나는 그리스도에게
속한 자라 한다는 것이니

13 그리스도께서 어찌 나뉘었느냐 바울
이 너희를 위하여 십자가에 못 박혔으며
바울의 이름으로 너희가 세례를 받았느냐

14 나는 그리스보와 가이오 외에는 너
희 중 아무에게도 내가 세례를 베풀지
아니한 것을 감사하노니

15 이는 아무도 나의 이름으로 세례를
받았다 말하지 못하게 하려 함이라

16 내가 또한 스데바나 집 사람에게 세
례를 베풀었고 그 외에는 다른 누구에게
세례를 베풀었는지 알지 못하노라

17 그리스도께서 나를 보내심은 세례를
베풀게 하려 하심이 아니요 오직 복음을
전하게 하려 하심이로되 말의 지혜로 하
지 아니함은 그리스도의 십자가가 헛되
지 않게 하려 함이라

하나님의 능력과 지혜이신 그리스도

18 십자가의 도가 멸망하는 자들에게는
미련한 것이요 구원을 받는 우리에게는
하나님의 능력이라

19 기록된 바 내가 지혜 있는 자들의 지
혜를 멸하고 총명한 자들의 총명을 폐하
리라 하였으니

20 지혜 있는 자가 어디 있느냐 선비가
어디 있느냐 이 세대에 변론가가 어디
있느냐 하나님께서 이 세상의 지혜를 미
련하게 하신 것이 아니냐

21 하나님의 지혜에 있어서는 이 세상
이 자기 지혜로 하나님을 알지 못하므로
하나님께서 전도의 미련한 것으로 믿는
자들을 구원하시기를 기뻐하셨도다

하나님의 능력과 지혜이신 그리스도

22 유대인은 표적을 구하고 헬라인은
지혜를 찾으나

23 우리는 십자가에 못 박힌 그리스도
를 전하니 유대인에게는 거리끼는 것이
요 이방인에게는 미련한 것이로되

24 오직 부르심을 받은 자들에게는 유
대인이나 헬라인이나 그리스도는 하나
님의 능력이요 하나님의 지혜니라

25 하나님의 어리석음이 사람보다 지혜
롭고 하나님의 약하심이 사람보다 강하
니라

26 형제들아 너희를 부르심을 보라 육
체를 따라 지혜로운 자가 많지 아니하며
능한 자가 많지 아니하며 문벌 좋은 자
가 많지 아니하도다

27 그러나 하나님께서 세상의 미련한
것들을 택하사 지혜 있는 자들을 부끄럽
게 하려 하시고 세상의 약한 것들을 택
하사 강한 것들을 부끄럽게 하려 하시며

28 하나님께서 세상의 천한 것들과 멸
시 받는 것들과 없는 것들을 택하사 있
는 것들을 폐하려 하시나니

29 이는 아무 육체도 하나님 앞에서 자
랑하지 못하게 하려 하심이라

30 너희는 하나님으로부터 나서 그리스
도 예수 안에 있고 예수는 하나님으로부
터 나와서 우리에게 지혜와 의로움과 거
룩함과 구원함이 되셨으니

31 기록된 바 자랑하는 자는 주 안에서
자랑하라 함과 같게 하려 함이라

십자가에 못 박히신 그리스도

십자가에 못 박히신 그리스도

2 형제들아 내가 너희에게 나아가 하나
님의 증거를 전할 때에 말과 지혜의
아름다운 것으로 아니하였나니

2 내가 너희 중에서 예수 그리스도와 그
가 십자가에 못 박히신 것 외에는 아무
것도 알지 아니하기로 작정하였음이라

3 내가 너희 가운데 거할 때에 약하고
두려워하고 심히 떨었노라

4 내 말과 내 전도함이 설득력 있는 지
혜의 말로 하지 아니하고 다만 성령의
나타나심과 능력으로 하여

5 너희 믿음이 사람의 지혜에 있지 아
니하고 다만 하나님의 능력에 있게 하려
하였노라

성령으로 보이셨다

성령으로 보이셨다

6 그러나 우리가 온전한 자들 중에서
는 지혜를 말하노니 이는 이 세상의 지
혜가 아니요 또 이 세상에서 없어질 통
치자들의 지혜도 아니요

7 오직 은밀한 가운데 있는 하나님의
지혜를 말하는 것으로서 곧 감추어졌던
것인데 하나님이 우리의 영광을 위하여
만세 전에 미리 정하신 것이라

8 이 지혜는 이 세대의 통치자들이 한
사람도 알지 못하였나니 만일 알았더라
면 영광의 주를 십자가에 못 박지 아니
하였으리라

9 기록된 바 하나님이 자기를 사랑하
는 자들을 위하여 예비하신 모든 것은
눈으로 보지 못하고 귀로 듣지 못하고
사람의 마음으로 생각하지도 못하였다
함과 같으니라

10 오직 하나님이 성령으로 이것을 우
리에게 보이셨으니 성령은 모든 것 곧
하나님의 깊은 것까지도 통달하시느니
라

11 사람의 일을 사람의 속에 있는 영 외
에 누가 알리요 이와 같이 하나님의 일
도 하나님의 영 외에는 아무도 알지 못
하느니라

12 우리가 세상의 영을 받지 아니하고
오직 하나님으로부터 온 영을 받았으니
이는 우리로 하여금 하나님께서 우리에
게 은혜로 주신 것들을 알게 하려 하심
이라

13 우리가 이것을 말하거니와 사람의
지혜가 가르친 말로 아니하고 오직 성령
께서 가르치신 것으로 하니 영적인 일은
영적인 것으로 분별하느니라

14 육에 속한 사람은 하나님의 성령의
일들을 받지 아니하나니 이는 그것들이
그에게는 어리석게 보임이요, 또 그는
그것들을 알 수도 없나니 그러한 일은
영적으로 분별되기 때문이라

15 신령한 자는 모든 것을 판단하나 자
기는 아무에게도 판단을 받지 아니하느
니라

16 누가 주의 마음을 알아서 주를 가르
치겠느냐 그러나 우리가 그리스도의 마
음을 가졌느니라

하나님의 동역자들

3 형제들아 내가 신령한 자들을 대함
과 같이 너희에게 말할 수 없어서 육
신에 속한 자 곧 그리스도 안에서 어린
아이들을 대함과 같이 하노라

2 내가 너희를 젖으로 먹이고 밥으로
아니하였노니 이는 너희가 감당하지 못
하였음이거니와 지금도 못하리라

3 너희는 아직도 육신에 속한 자로다
너희 가운데 시기와 분쟁이 있으니 어찌
육신에 속하여 사람을 따라 행함이 아니
리요

4 어떤 이는 말하되 나는 바울에게라
하고 다른 이는 나는 아볼로에게라 하니
너희가 육의 사람이 아니리요

5 그런즉 아볼로는 무엇이며 바울은
무엇이냐 그들은 주께서 각각 주신 대로
너희로 하여금 믿게 한 사역자들이니라

6 나는 심었고 아볼로는 물을 주었으
되 오직 하나님께서 자라나게 하셨나니

7 그런즉 심는 이나 물 주는 이는 아무
것도 아니로되 오직 자라게 하시는 이는
하나님뿐이니라

하나님의 동역자들

8 심는 이와 물 주는 이는 한가지이나
각각 자기가 일한 대로 자기의 상을 받
으리라

9 우리는 하나님의 동역자들이요 너희
는 하나님의 밭이요 하나님의 집이니라

10 내게 주신 하나님의 은혜를 따라 내
가 지혜로운 건축자와 같이 터를 닦아
두매 다른 이가 그 위에 세우나 그러나
각각 어떻게 그 위에 세울까를 조심할지
니라

11 이 닦아 둔 것 외에 능히 다른 터를 닦
아 둘 자가 없으니 이 터는 곧 예수 그리
스도라

12 만일 누구든지 금이나 은이나 보석
이나 나무나 풀이나 짚으로 이 터 위에
세우면

13 각 사람의 공적이 나타날 터인데 그
날이 공적을 밝히리니 이는 불로 나타내
고 그 불이 각 사람의 공적이 어떠한 것
을 시험할 것임이라

14 만일 누구든지 그 위에 세운 공적이
그대로 있으면 상을 받고

15 누구든지 그 공적이 불타면 해를 받
으리니 그러나 자신은 구원을 받되 불
가운데서 받은 것 같으리라

16 너희는 너희가 하나님의 성전인 것
과 하나님의 성령이 너희 안에 계시는
것을 알지 못하느냐

17 누구든지 하나님의 성전을 더럽히면
하나님이 그 사람을 멸하시리라 하나님
의 성전은 거룩하니 너희도 그러하니라

18 아무도 자신을 속이지 말라 너희 중
에 누구든지 이 세상에서 지혜 있는 줄
로 생각하거든 어리석은 자가 되라 그리
하여야 지혜로운 자가 되리라

19 이 세상 지혜는 하나님께 어리석은
것이니 기록된 바 하나님은 지혜 있는
자들로 하여금 자기 꾀에 빠지게 하시는
이라 하였고

20 또 주께서 지혜 있는 자들의 생각을
헛것으로 아신다 하셨느니라

21 그런즉 누구든지 사람을 자랑하지
말라 만물이 다 너희 것임이라

22 바울이나 아볼로나 게바나 세계나
생명이나 사망이나 지금 것이나 장래 것
이나 다 너희의 것이요

23 너희는 그리스도의 것이요 그리스도
는 하나님의 것이니라

그리스도의 일꾼

4 사람이 마땅히 우리를 그리스도의
일꾼이요 하나님의 비밀을 맡은 자
로 여길지어다

2 그리고 맡은 자들에게 구할 것은 충
성이니라

3 너희에게나 다른 사람에게나 판단
받는 것이 내게는 매우 작은 일이라 나
도 나를 판단하지 아니하노니

4 내가 자책할 아무 것도 깨닫지 못하
나 이로 말미암아 의롭다 함을 얻지 못
하노라 다만 나를 심판하실 이는 주시니
라

5 그러므로 때가 이르기 전 곧 주께서
오시기까지 아무 것도 판단하지 말라 그
가 어둠에 감추인 것들을 드러내고 마음
의 뜻을 나타내시리니 그 때에 각 사람
에게 하나님으로부터 칭찬이 있으리라

6 형제들아 내가 너희를 위하여 이 일
에 나와 아볼로를 들어서 본을 보였으니
이는 너희로 하여금 기록된 말씀 밖으로
넘어가지 말라 한 것을 우리에게서 배워
서로 대적하여 교만한 마음을 가지지 말
게 하려 함이라

7 누가 너를 남달리 구별하였느냐 네
게 있는 것 중에 받지 아니한 것이 무엇
이냐 네가 받았은즉 어찌하여 받지 아니
한 것 같이 자랑하느냐

그리스도의 일꾼

8 너희가 이미 배 부르며 이미 풍성하
며 우리 없이도 왕이 되었도다 우리가
너희와 함께 왕 노릇 하기 위하여 참으
로 너희가 왕이 되기를 원하노라

9 내가 생각하건대 하나님이 사도인
우리를 죽이기로 작정된 자 같이 끄트머
리에 두셨으매 우리는 세계 곧 천사와
사람에게 구경거리가 되었노라

10 우리는 그리스도 때문에 어리석으나
너희는 그리스도 안에서 지혜롭고 우리
는 약하나 너희는 강하고 너희는 존귀하
나 우리는 비천하여

11 바로 이 시각까지 우리가 주리고 목
마르며 헐벗고 매맞으며 정처가 없고

12 또 수고하여 친히 손으로 일을 하며
모욕을 당한즉 축복하고 박해를 받은즉
참고

13 비방을 받은즉 권면하니 우리가 지
금까지 세상의 더러운 것과 만물의 찌꺼
기 같이 되었도다

14 내가 너희를 부끄럽게 하려고 이것
을 쓰는 것이 아니라 오직 너희를 내 사
랑하는 자녀 같이 권하려 하는 것이라

15 그리스도 안에서 일만 스승이 있으
되 아버지는 많지 아니하니 그리스도 예
수 안에서 내가 복음으로써 너희를 낳았
음이라

16 그러므로 내가 너희에게 권하노니
너희는 나를 본받는 자가 되라

17 이로 말미암아 내가 주 안에서 내 사
랑하고 신실한 아들 디모데를 너희에게
보내었으니 그가 너희로 하여금 그리스
도 예수 안에서 나의 행사 곧 내가 각처
각 교회에서 가르치는 것을 생각나게 하
리라

18 어떤 이들은 내가 너희에게 나아가
지 아니할 것 같이 스스로 교만하여졌으
나

19 주께서 허락하시면 내가 너희에게 속히 나아가서 교만한 자들의 말이 아니라 오직 그 능력을 알아보겠으니

20 하나님의 나라는 말에 있지 아니하고 오직 능력에 있음이라

21 너희가 무엇을 원하느냐 내가 매를 가지고 너희에게 나아가랴 사랑과 온유한 마음으로 나아가랴

음행한 자를 판단하다

음행한 자를 판단하다

5 너희 중에 심지어 음행이 있다 함을 들으니 그런 음행은 이방인 중에서도 없는 것이라 누가 그 아버지의 아내를 취하였다 하는도다

2 그리하고도 너희가 오히려 교만하여져서 어찌하여 통한히 여기지 아니하고 그 일 행한 자를 너희 중에서 쫓아내지 아니하였느냐

3 내가 실로 몸으로는 떠나 있으나 영으로는 함께 있어서 거기 있는 것 같이 이런 일 행한 자를 이미 판단하였노라

4 주 예수의 이름으로 너희가 내 영과 함께 모여서 우리 주 예수의 능력으로

5 이런 자를 사탄에게 내주었으니 이는 육신은 멸하고 영은 주 예수의 날에 구원을 받게 하려 함이라

6 너희가 자랑하는 것이 옳지 아니하도다 적은 누룩이 온 덩어리에 퍼지는 것을 알지 못하느냐

7 너희는 누룩 없는 자인데 새 덩어리가 되기 위하여 묵은 누룩을 내버리라 우리의 유월절 양 곧 그리스도께서 희생되셨느니라

8 이러므로 우리가 명절을 지키되 묵은 누룩으로도 말고 악하고 악의에 찬 누룩으로도 말고 누룩이 없이 오직 순전함과 진실함의 떡으로 하자

9 내가 너희에게 쓴 편지에 음행하는
자들을 사귀지 말라 하였거니와

10 이 말은 이 세상의 음행하는 자들이
나 탐하는 자들이나 속여 빼앗는 자들이
나 우상 숭배하는 자들을 도무지 사귀지
말라 하는 것이 아니니 만일 그리하려면
너희가 세상 밖으로 나가야 할 것이라

11 이제 내가 너희에게 쓴 것은 만일 어
떤 형제라 일컫는 자가 음행하거나 탐욕
을 부리거나 우상 숭배를 하거나 모욕하
거나 술 취하거나 속여 빼앗거든 사귀지
도 말고 그런 자와는 함께 먹지도 말라
함이라

12 밖에 있는 사람들을 판단하는 것이
야 내게 무슨 상관이 있으리요마는 교회
안에 있는 사람들이야 너희가 판단하지
아니하랴

13 밖에 있는 사람들은 하나님이 심판
하시려니와 이 악한 사람은 너희 중에서
내쫓으라

세상 법정에 송사하지 말라

세상 법정에 송사하지 말라

6 너희 중에 누가 다른 이와 더불어
다툼이 있는데 구태여 불의한 자들
앞에서 고발하고 성도 앞에서 하지 아니
하느냐

2 성도가 세상을 판단할 것을 너희가
알지 못하느냐 세상도 너희에게 판단을
받겠거든 지극히 작은 일 판단하기를 감
당하지 못하겠느냐

3 우리가 천사를 판단할 것을 너희가
알지 못하느냐 그러하거든 하물며 세상
일이랴

4 그런즉 너희가 세상 사건이 있을 때
에 교회에서 경히 여김을 받는 자들을
세우느냐

5 내가 너희를 부끄럽게 하려 하여 이
말을 하노니 너희 가운데 그 형제간의
일을 판단할 만한 지혜 있는 자가 이같
이 하나도 없느냐

6 형제가 형제와 더불어 고발할 뿐더러
믿지 아니하는 자들 앞에서 하느냐

7 너희가 피차 고발함으로 너희 가운
데 이미 뚜렷한 허물이 있나니 차라리
불의를 당하는 것이 낫지 아니하며 차라
리 속는 것이 낫지 아니하냐

8 너희는 불의를 행하고 속이는구나
그는 너희 형제로다

9 불의한 자가 하나님의 나라를 유업
으로 받지 못할 줄을 알지 못하느냐 미
혹을 받지 말라 음행하는 자나 우상 숭
배하는 자나 간음하는 자나 탐색하는 자
나 남색하는 자나

10 도적이나 탐욕을 부리는 자나 술 취
하는 자나 모욕하는 자나 속여 빼앗는
자들은 하나님의 나라를 유업으로 받지
못하리라

11 너희 중에 이와 같은 자들이 있더니
주 예수 그리스도의 이름과 우리 하나님
의 성령 안에서 씻음과 거룩함과 의롭다
하심을 받았느니라

몸으로 하나님께 영광을 돌리라

몸으로 하나님께 영광을 돌리라

12 모든 것이 내게 가하나 다 유익한 것
이 아니요 모든 것이 내게 가하나 내가
무엇에든지 얽매이지 아니하리라

13 음식은 배를 위하여 있고 배는 음식
을 위하여 있으나 하나님은 이것 저것을
다 폐하시리라 몸은 음란을 위하여 있지
않고 오직 주를 위하여 있으며 주는 몸
을 위하여 계시느니라

14 하나님이 주를 다시 살리셨고 또한
그의 권능으로 우리를 다시 살리시리라

15 너희 몸이 그리스도의 지체인 줄을
알지 못하느냐 내가 그리스도의 지체를
가지고 창녀의 지체를 만들겠느냐 결코
그럴 수 없느니라

16 창녀와 합하는 자는 그와 한 몸인 줄
을 알지 못하느냐 일렀으되 둘이 한 육
체가 된다 하셨나니

17 주와 합하는 자는 한 영이니라

18 음행을 피하라 사람이 범하는 죄마
다 몸 밖에 있거니와 음행하는 자는 자
기 몸에 죄를 범하느니라

19 너희 몸은 너희가 하나님께로부터
받은 바 너희 가운데 계신 성령의 전인
줄을 알지 못하느냐 너희는 너희 자신의
것이 아니라

20 값으로 산 것이 되었으니 그런즉 너
희 몸으로 하나님께 영광을 돌리라

결혼에 대하여 이르다

7 너희가 쓴 문제에 대하여 말하면 남
자가 여자를 가까이 아니함이 좋으
나

2 음행을 피하기 위하여 남자마다 자
기 아내를 두고 여자마다 자기 남편을
두라

3 남편은 그 아내에 대한 의무를 다하
고 아내도 그 남편에게 그렇게 할지라

4 아내는 자기 몸을 주장하지 못하고
오직 그 남편이 하며 남편도 그와 같이
자기 몸을 주장하지 못하고 오직 그 아
내가 하나니

5 서로 분방하지 말라 다만 기도할 틈
을 얻기 위하여 합의상 얼마 동안은 하
되 다시 합하라 이는 너희가 절제 못함
으로 말미암아 사탄이 너희를 시험하지
못하게 하려 함이라

6 그러나 내가 이 말을 함은 허락이요
명령은 아니니라

7 나는 모든 사람이 나와 같기를 원하
노라 그러나 각각 하나님께 받은 자기의
은사가 있으니 이 사람은 이러하고 저
사람은 저러하니라

결혼에 대하여 이르다

8 내가 결혼하지 아니한 자들과 과부
들에게 이르노니 나와 같이 그냥 지내는
것이 좋으니라

9 만일 절제할 수 없거든 결혼하라 정
욕이 불 같이 타는 것보다 결혼하는 것
이 나으니라

10 결혼한 자들에게 내가 명하노니 (명
하는 자는 내가 아니요 주시라) 여자는
남편에게서 갈라서지 말고

11 (만일 갈라섰으면 그대로 지내든지
다시 그 남편과 화합하든지 하라) 남편
도 아내를 버리지 말라

12 그 나머지 사람들에게 내가 말하노
니 (이는 주의 명령이 아니라) 만일 어떤
형제에게 믿지 아니하는 아내가 있어 남
편과 함께 살기를 좋아하거든 그를 버리
지 말며

13 어떤 여자에게 믿지 아니하는 남편
이 있어 아내와 함께 살기를 좋아하거든
그 남편을 버리지 말라

14 믿지 아니하는 남편이 아내로 말미
암아 거룩하게 되고 믿지 아니하는 아내
가 남편으로 말미암아 거룩하게 되나니
그렇지 아니하면 너희 자녀도 깨끗하지
못하니라 그러나 이제 거룩하니라

15 혹 믿지 아니하는 자가 갈리거든 갈
리게 하라 형제나 자매나 이런 일에 구
애될 것이 없느니라 그러나 하나님은 화
평 중에서 너희를 부르셨느니라

16 아내 된 자여 네가 남편을 구원할는지
어찌 알 수 있으며 남편 된 자여 네가 네
아내를 구원할는지 어찌 알 수 있으리요

17 오직 주께서 각 사람에게 나눠 주신
대로 하나님이 각 사람을 부르신 그대로
행하라 내가 모든 교회에서 이와 같이
명하노라

18 할례자로서 부르심을 받은 자가 있느
냐 무할례자가 되지 말며 무할례자로 부르
심을 받은 자가 있느냐 할례를 받지 말라

19 할례 받는 것도 아무 것도 아니요 할
례 받지 아니하는 것도 아무 것도 아니
로되 오직 하나님의 계명을 지킬 따름이
니라

20 각 사람은 부르심을 받은 그 부르심
그대로 지내라

21 네가 종으로 있을 때에 부르심을 받
았느냐 염려하지 말라 그러나 네가 자유
롭게 될 수 있거든 그것을 이용하라

22 주 안에서 부르심을 받은 자는 종이
라도 주께 속한 자유인이요 또 그와 같
이 자유인으로 있을 때에 부르심을 받은
자는 그리스도의 종이니라

23 너희는 값으로 사신 것이니 사람들
의 종이 되지 말라

24 형제들아 너희는 각각 부르심을 받
은 그대로 하나님과 함께 거하라

처녀와 과부에게 주는 권면

25 처녀에 대하여는 내가 주께 받은 계
명이 없으되 주의 자비하심을 받아서 충
성스러운 자가 된 내가 의견을 말하노니

26 내 생각에는 이것이 좋으니 곧 임박
한 환난으로 말미암아 사람이 그냥 지내
는 것이 좋으니라

27 네가 아내에게 매였느냐 놓이기를
구하지 말며 아내에게서 놓였느냐 아내
를 구하지 말라

28 그러나 장가 가도 죄 짓는 것이 아니
요 처녀가 시집 가도 죄 짓는 것이 아니
로되 이런 이들은 육신에 고난이 있으리
니 나는 너희를 아끼노라

29 형제들아 내가 이 말을 하노니 그 때
가 단축하여진 고로 이 후부터 아내 있
는 자들은 없는 자 같이 하며

30 우는 자들은 울지 않는 자 같이 하며
기쁜 자들은 기쁘지 않은 자 같이 하며
매매하는 자들은 없는 자 같이 하며

처녀와 과부에게 주는 권면

31 세상 물건을 쓰는 자들은 다 쓰지 못
하는 자 같이 하라 이 세상의 외형은 지
나감이니라

32 너희가 염려 없기를 원하노라 장가 가
지 않은 자는 주의 일을 염려하여 어찌하
여야 주를 기쁘시게 할까 하되

33 장가 간 자는 세상 일을 염려하여 어
찌하여야 아내를 기쁘게 할까 하여

34 마음이 갈라지며 시집 가지 않은 자
와 처녀는 주의 일을 염려하여 몸과 영
을 다 거룩하게 하려 하되 시집 간 자는
세상 일을 염려하여 어찌하여야 남편을
기쁘게 할까 하느니라

35 내가 이것을 말함은 너희의 유익을
위함이요 너희에게 올무를 놓으려 함이
아니니 오직 너희로 하여금 이치에 합당
하게 하여 흐트러짐이 없이 주를 섬기게
하려 함이라

36 그러므로 만일 누가 자기의 약혼녀
에 대한 행동이 합당하지 못한 줄로 생
각할 때에 그 약혼녀의 혼기도 지나고
그같이 할 필요가 있거든 원하는 대로
하라 그것은 죄 짓는 것이 아니니 그들
로 결혼하게 하라

37 그러나 그가 마음을 정하고 또 부득
이한 일도 없고 자기 뜻대로 할 권리가
있어서 그 약혼녀를 그대로 두기로 하여
도 잘하는 것이니라

38 그러므로 결혼하는 자도 잘하거니와
결혼하지 아니하는 자는 더 잘하는 것이
니라

39 아내는 그 남편이 살아 있는 동안에
매여 있다가 남편이 죽으면 자유로워 자
기 뜻대로 시집 갈 것이나 주 안에서만
할 것이니라

40 그러나 내 뜻에는 그냥 지내는 것이
더욱 복이 있으리로다 나도 또한 하나님
의 영을 받은 줄로 생각하노라

우상에게 바친 제물

8 우상의 제물에 대하여는 우리가 다
지식이 있는 줄을 아나 지식은 교만
하게 하며 사랑은 덕을 세우나니
2 만일 누구든지 무엇을 아는 줄로 생
각하면 아직도 마땅히 알 것을 알지 못
하는 것이요
3 또 누구든지 하나님을 사랑하면 그
사람은 하나님도 알아 주시느니라
4 그러므로 우상의 제물을 먹는 일에
대하여는 우리가 우상은 세상에 아무 것
도 아니며 또한 하나님은 한 분밖에 없
는 줄 아노라
5 비록 하늘에나 땅에나 신이라 불리
는 자가 있어 많은 신과 많은 주가 있으
나
6 그러나 우리에게는 한 하나님 곧 아
버지가 계시니 만물이 그에게서 났고 우
리도 그를 위하여 있고 또한 한 주 예수
그리스도께서 계시니 만물이 그로 말미
암고 우리도 그로 말미암아 있느니라
7 그러나 이 지식은 모든 사람에게 있
는 것은 아니므로 어떤 이들은 지금까지
우상에 대한 습관이 있어 우상의 제물로
알고 먹는 고로 그들의 양심이 약하여지
고 더러워지느니라
8 음식은 우리를 하나님 앞에 내세우
지 못하나니 우리가 먹지 않는다고 해서
더 못사는 것도 아니고 먹는다고 해서
더 잘사는 것도 아니니라
9 그런즉 너희의 자유가 믿음이 약한
자들에게 걸려 넘어지게 하는 것이 되지
않도록 조심하라
10 지식 있는 네가 우상의 집에 앉아 먹
는 것을 누구든지 보면 그 믿음이 약한
자들의 양심이 담력을 얻어 우상의 제물
을 먹게 되지 않겠느냐

우상에게 바친 제물

11 그러면 네 지식으로 그 믿음이 약한
자가 멸망하나니 그는 그리스도께서 위
하여 죽으신 형제라

12 이같이 너희가 형제에게 죄를 지어
그 약한 양심을 상하게 하는 것이 곧 그
리스도에게 죄를 짓는 것이니라

13 그러므로 만일 음식이 내 형제를 실족
하게 한다면 나는 영원히 고기를 먹지 아
니하여 내 형제를 실족하지 않게 하리라

사도의 권리

9 내가 자유인이 아니냐 사도가 아니
냐 예수 우리 주를 보지 못하였느냐
주 안에서 행한 나의 일이 너희가 아니
냐

2 다른 사람들에게는 내가 사도가 아
닐지라도 너희에게는 사도이니 나의 사
도 됨을 주 안에서 인친 것이 너희라

3 나를 비판하는 자들에게 변명할 것
이 이것이니

4 우리가 먹고 마실 권리가 없겠느냐

5 우리가 다른 사도들과 주의 형제들
과 게바와 같이 믿음의 자매 된 아내를
데리고 다닐 권리가 없겠느냐

6 어찌 나와 바나바만 일하지 아니할
권리가 없겠느냐

7 누가 자기 비용으로 군 복무를 하겠
느냐 누가 포도를 심고 그 열매를 먹지
않겠느냐 누가 양 떼를 기르고 그 양 떼
의 젖을 먹지 않겠느냐

8 내가 사람의 예대로 이것을 말하느냐
율법도 이것을 말하지 아니하느냐

9 모세의 율법에 곡식을 밟아 떠는 소
에게 망을 씌우지 말라 기록하였으니 하
나님께서 어찌 소들을 위하여 염려하심
이냐

사도의 권리

10 오로지 우리를 위하여 말씀하심이
아니냐 과연 우리를 위하여 기록된 것이
니 밭 가는 자는 소망을 가지고 갈며 곡
식 떠는 자는 함께 얻을 소망을 가지고
떠는 것이라

11 우리가 너희에게 신령한 것을 뿌렸
은즉 너희의 육적인 것을 거두기로 과하
다 하겠느냐

12 다른 이들도 너희에게 이런 권리를
가졌거든 하물며 우리일까보냐 그러나
우리가 이 권리를 쓰지 아니하고 범사에
참는 것은 그리스도의 복음에 아무 장애
가 없게 하려 함이로다

13 성전의 일을 하는 이들은 성전에서
나는 것을 먹으며 제단에서 섬기는 이들
은 제단과 함께 나누는 것을 너희가 알
지 못하느냐

14 이와 같이 주께서도 복음 전하는 자
들이 복음으로 말미암아 살리라 명하셨
느니라

15 그러나 내가 이것을 하나도 쓰지 아
니하였고 또 이 말을 쓰는 것은 내게 이
같이 하여 달라는 것이 아니라 내가 차
라리 죽을지언정 누구든지 내 자랑하는
것을 헛된 데로 돌리지 못하게 하리라

16 내가 복음을 전할지라도 자랑할 것
이 없음은 내가 부득불 할 일임이라 만
일 복음을 전하지 아니하면 내게 화가
있을 것이로다

17 내가 내 자의로 이것을 행하면 상을
얻으려니와 내가 자의로 아니한다 할지
라도 나는 사명을 받았노라

18 그런즉 내 상이 무엇이냐 내가 복음
을 전할 때에 값없이 전하고 복음으로
말미암아 내게 있는 권리를 다 쓰지 아
니하는 이것이로다

19 내가 모든 사람에게서 자유로우나
스스로 모든 사람에게 종이 된 것은 더
많은 사람을 얻고자 함이라

20 유대인들에게 내가 유대인과 같이
된 것은 유대인들을 얻고자 함이요 율법
아래에 있는 자들에게는 내가 율법 아래
에 있지 아니하나 율법 아래에 있는 자
같이 된 것은 율법 아래에 있는 자들을
얻고자 함이요

21 율법 없는 자에게는 내가 하나님께
는 율법 없는 자가 아니요 도리어 그리
스도의 율법 아래에 있는 자이나 율법
없는 자와 같이 된 것은 율법 없는 자들
을 얻고자 함이라

22 약한 자들에게 내가 약한 자와 같이
된 것은 약한 자들을 얻고자 함이요 내가
여러 사람에게 여러 모습이 된 것은 아무
쪼록 몇 사람이라도 구원하고자 함이니

23 내가 복음을 위하여 모든 것을 행함
은 복음에 참여하고자 함이라

24 운동장에서 달음질하는 자들이 다
달릴지라도 오직 상을 받는 사람은 한
사람인 줄을 너희가 알지 못하느냐 너희
도 상을 받도록 이와 같이 달음질하라

25 이기기를 다투는 자마다 모든 일에
절제하나니 그들은 썩을 승리자의 관을
얻고자 하되 우리는 썩지 아니할 것을
얻고자 하노라

26 그러므로 나는 달음질하기를 향방
없는 것 같이 아니하고 싸우기를 허공을
치는 것 같이 아니하며

27 내가 내 몸을 쳐 복종하게 함은 내가
남에게 전파한 후에 자신이 도리어 버림
을 당할까 두려워함이로다

우상 숭배하는 일을 피하라

10 형제들아 나는 너희가 알지 못하
기를 원하지 아니하노니 우리 조
상들이 다 구름 아래에 있고 바다 가운
데로 지나며

2 모세에게 속하여 다 구름과 바다에
서 세례를 받고

우상 숭배하는 일을 피하라

3 다 같은 신령한 음식을 먹으며

4 다 같은 신령한 음료를 마셨으니 이
는 그들을 따르는 신령한 반석으로부터
마셨으매 그 반석은 곧 그리스도시라

5 그러나 그들의 다수를 하나님이 기
뻐하지 아니하셨으므로 그들이 광야에
서 멸망을 받았느니라

6 이러한 일은 우리의 본보기가 되어 우
리로 하여금 그들이 악을 즐겨 한 것 같이
즐겨 하는 자가 되지 않게 하려 함이니

7 그들 가운데 어떤 사람들과 같이 너
희는 우상 숭배하는 자가 되지 말라 기
록된 바 백성이 앉아서 먹고 마시며 일
어나서 뛰논다 함과 같으니라

8 그들 중의 어떤 사람들이 음행하다
가 하루에 이만 삼천 명이 죽었나니 우
리는 그들과 같이 음행하지 말자

9 그들 가운데 어떤 사람들이 주를 시
험하다가 뱀에게 멸망하였나니 우리는
그들과 같이 시험하지 말자

10 그들 가운데 어떤 사람들이 원망하
다가 멸망시키는 자에게 멸망하였나니
너희는 그들과 같이 원망하지 말라

11 그들에게 일어난 이런 일은 본보기
가 되고 또한 말세를 만난 우리를 깨우
치기 위하여 기록되었느니라

12 그런즉 선 줄로 생각하는 자는 넘어
질까 조심하라

13 사람이 감당할 시험 밖에는 너희가
당한 것이 없나니 오직 하나님은 미쁘사
너희가 감당하지 못할 시험 당함을 허락
하지 아니하시고 시험 당할 즈음에 또한
피할 길을 내사 너희로 능히 감당하게
하시느니라

14 그런즉 내 사랑하는 자들아 우상 숭
배하는 일을 피하라

15 나는 지혜 있는 자들에게 말함과 같
이 하노니 너희는 내가 이르는 말을 스
스로 판단하라

16 우리가 축복하는 바 축복의 잔은 그
리스도의 피에 참여함이 아니며 우리가
떼는 떡은 그리스도의 몸에 참여함이 아
니냐

17 떡이 하나요 많은 우리가 한 몸이니
이는 우리가 다 한 떡에 참여함이라

18 육신을 따라 난 이스라엘을 보라 제
물을 먹는 자들이 제단에 참여하는 자들
이 아니냐

19 그런즉 내가 무엇을 말하느냐 우상의
제물은 무엇이며 우상은 무엇이냐

20 무릇 이방인이 제사하는 것은 귀신
에게 하는 것이요 하나님께 제사하는 것
이 아니니 나는 너희가 귀신과 교제하는
자가 되기를 원하지 아니하노라

21 너희가 주의 잔과 귀신의 잔을 겸하여
마시지 못하고 주의 식탁과 귀신의 식탁
에 겸하여 참여하지 못하리라

22 그러면 우리가 주를 노여워하시게
하겠느냐 우리가 주보다 강한 자냐

다 하나님의 영광을 위하여 하라

다 하나님의 영광을 위하여 하라

23 모든 것이 가하나 모든 것이 유익한
것은 아니요 모든 것이 가하나 모든 것
이 덕을 세우는 것은 아니니

24 누구든지 자기의 유익을 구하지 말
고 남의 유익을 구하라

25 무릇 시장에서 파는 것은 양심을 위
하여 묻지 말고 먹으라

26 이는 땅과 거기 충만한 것이 주의 것
임이라

27 불신자 중 누가 너희를 청할 때에 너
희가 가고자 하거든 너희 앞에 차려 놓
은 것은 무엇이든지 양심을 위하여 묻지
말고 먹으라

28 누가 너희에게 이것이 제물이라 말
하거든 알게 한 자와 그 양심을 위하여
먹지 말라

29 내가 말한 양심은 너희의 것이 아니
요 남의 것이니 어찌하여 내 자유가 남
의 양심으로 말미암아 판단을 받으리요

30 만일 내가 감사함으로 참여하면 어
찌하여 내가 감사하는 것에 대하여 비방
을 받으리요

31 그런즉 너희가 먹든지 마시든지 무
엇을 하든지 다 하나님의 영광을 위하여
하라

32 유대인에게나 헬라인에게나 하나님
의 교회에나 거치는 자가 되지 말고

33 나와 같이 모든 일에 모든 사람을 기
쁘게 하여 자신의 유익을 구하지 아니하
고 많은 사람의 유익을 구하여 그들로
구원을 받게 하라

11 내가 그리스도를 본받는 자가 된
것 같이 너희는 나를 본받는 자가
되라

여자가 머리를 가리는 것

2 너희가 모든 일에 나를 기억하고 또
내가 너희에게 전하여 준 대로 그 전통
을 너희가 지키므로 너희를 칭찬하노라

3 그러나 나는 너희가 알기를 원하노
니 각 남자의 머리는 그리스도요 여자의
머리는 남자요 그리스도의 머리는 하나
님이시라

4 무릇 남자로서 머리에 무엇을 쓰고
기도나 예언을 하는 자는 그 머리를 욕
되게 하는 것이요

5 무릇 여자로서 머리에 쓴 것을 벗고
기도나 예언을 하는 자는 그 머리를 욕
되게 하는 것이니 이는 머리를 민 것과
다름이 없음이라

여자가 머리를 가리는 것

6 만일 여자가 머리를 가리지 않거든
깎을 것이요 만일 깎거나 미는 것이 여
자에게 부끄러움이 되거든 가릴지니라

7 남자는 하나님의 형상과 영광이니
그 머리를 마땅히 가리지 않거니와 여자
는 남자의 영광이니라

8 남자가 여자에게서 난 것이 아니요
여자가 남자에게서 났으며

9 또 남자가 여자를 위하여 지음을 받
지 아니하고 여자가 남자를 위하여 지음
을 받은 것이니

10 그러므로 여자는 천사들로 말미암아
권세 아래에 있는 표를 그 머리 위에 둘
지니라

11 그러나 주 안에는 남자 없이 여자만
있지 않고 여자 없이 남자만 있지 아니
하니라

12 이는 여자가 남자에게서 난 것 같이
남자도 여자로 말미암아 났음이라 그리
고 모든 것은 하나님에게서 났느니라

13 너희는 스스로 판단하라 여자가 머
리를 가리지 않고 하나님께 기도하는 것
이 마땅하냐

14 만일 남자에게 긴 머리가 있으면 자
기에게 부끄러움이 되는 것을 본성이 너
희에게 가르치지 아니하느냐

15 만일 여자가 긴 머리가 있으면 자기에
게 영광이 되나니 긴 머리는 가리는 것을
대신하여 주셨기 때문이니라

16 논쟁하려는 생각을 가진 자가 있을
지라도 우리에게나 하나님의 모든 교회
에는 이런 관례가 없느니라

성만찬의 제정
(마 26:26-29; 막 14:22-25; 눅 22:14-20)

17 내가 명하는 이 일에 너희를 칭찬하지
아니하나니 이는 너희의 모임이 유익이
못되고 도리어 해로움이라

성만찬의 제정 (마 26:26-29; 막 14:22-25; 눅 22:14-20)

18 먼저 너희가 교회에 모일 때에 너희
중에 분쟁이 있다 함을 듣고 어느 정도
믿거니와

19 너희 중에 파당이 있어야 너희 중에
옳다 인정함을 받은 자들이 나타나게 되
리라

20 그런즉 너희가 함께 모여서 주의 만
찬을 먹을 수 없으니

21 이는 먹을 때에 각각 자기의 만찬을
먼저 갖다 먹으므로 어떤 사람은 시장하
고 어떤 사람은 취함이라

22 너희가 먹고 마실 집이 없느냐 너희
가 하나님의 교회를 업신여기고 빈궁한
자들을 부끄럽게 하느냐 내가 너희에게
무슨 말을 하랴 너희를 칭찬하랴 이것으
로 칭찬하지 않노라

23 내가 너희에게 전한 것은 주께 받은
것이니 곧 주 예수께서 잡히시던 밤에
떡을 가지사

24 축사하시고 떼어 이르시되 이것은
너희를 위하는 내 몸이니 이것을 행하여
나를 기념하라 하시고

25 식후에 또한 그와 같이 잔을 가지시
고 이르시되 이 잔은 내 피로 세운 새 언
약이니 이것을 행하여 마실 때마다 나를
기념하라 하셨으니

26 너희가 이 떡을 먹으며 이 잔을 마실
때마다 주의 죽으심을 그가 오실 때까지
전하는 것이니라

27 그러므로 누구든지 주의 떡이나 잔을
합당하지 않게 먹고 마시는 자는 주의
몸과 피에 대하여 죄를 짓는 것이니라

28 사람이 자기를 살피고 그 후에야 이
떡을 먹고 이 잔을 마실지니

29 주의 몸을 분별하지 못하고 먹고 마
시는 자는 자기의 죄를 먹고 마시는 것
이니라

30 그러므로 너희 중에 약한 자와 병든
자가 많고 잠자는 자도 적지 아니하니

31 우리가 우리를 살폈으면 판단을 받
지 아니하려니와

32 우리가 판단을 받는 것은 주께 징계
를 받는 것이니 이는 우리로 세상과 함
께 정죄함을 받지 않게 하려 하심이라

33 그런즉 내 형제들아 먹으러 모일 때
에 서로 기다리라

34 만일 누구든지 시장하거든 집에서
먹을지니 이는 너희의 모임이 판단 받는
모임이 되지 않게 하려 함이라 그밖의
일들은 내가 언제든지 갈 때에 바로잡으
리라

성령의 은사

12 형제들아 신령한 것에 대하여 나
는 너희가 알지 못하기를 원하지
아니하노니

2 너희도 알거니와 너희가 이방인으로
있을 때에 말 못하는 우상에게로 끄는
그대로 끌려 갔느니라

3 그러므로 내가 너희에게 알리노니
하나님의 영으로 말하는 자는 누구든지
예수를 저주할 자라 하지 아니하고 또
성령으로 아니하고는 누구든지 예수를
주시라 할 수 없느니라

4 은사는 여러 가지나 성령은 같고

5 직분은 여러 가지나 주는 같으며

6 또 사역은 여러 가지나 모든 것을 모든
사람 가운데서 이루시는 하나님은 같으니

7 각 사람에게 성령을 나타내심은 유
익하게 하려 하심이라

8 어떤 사람에게는 성령으로 말미암아
지혜의 말씀을, 어떤 사람에게는 같은
성령을 따라 지식의 말씀을,

9 다른 사람에게는 같은 성령으로 믿
음을, 어떤 사람에게는 한 성령으로 병
고치는 은사를,

성령의 은사

10 어떤 사람에게는 능력 행함을, 어떤
사람에게는 예언함을, 어떤 사람에게는
영들 분별함을, 다른 사람에게는 각종
방언 말함을, 어떤 사람에게는 방언들
통역함을 주시나니

11 이 모든 일은 같은 한 성령이 행하사
그의 뜻대로 각 사람에게 나누어 주시는
것이니라

하나의 몸과 많은 지체

12 몸은 하나인데 많은 지체가 있고 몸
의 지체가 많으나 한 몸임과 같이 그리
스도도 그러하니라

13 우리가 유대인이나 헬라인이나 종이
나 자유인이나 다 한 성령으로 세례를
받아 한 몸이 되었고 또 다 한 성령을 마
시게 하셨느니라

14 몸은 한 지체뿐만 아니요 여럿이니

15 만일 발이 이르되 나는 손이 아니니
몸에 붙지 아니하였다 할지라도 이로써
몸에 붙지 아니한 것이 아니요

16 또 귀가 이르되 나는 눈이 아니니 몸
에 붙지 아니하였다 할지라도 이로써 몸
에 붙지 아니한 것이 아니니

17 만일 온 몸이 눈이면 듣는 곳은 어디
며 온 몸이 듣는 곳이면 냄새 맡는 곳은
어디냐

18 그러나 이제 하나님이 그 원하시는
대로 지체를 각각 몸에 두셨으니

19 만일 다 한 지체뿐이면 몸은 어디냐

20 이제 지체는 많으나 몸은 하나라

21 눈이 손더러 내가 너를 쓸 데가 없다
하거나 또한 머리가 발더러 내가 너를
쓸 데가 없다 하지 못하리라

22 그뿐 아니라 더 약하게 보이는 몸의
지체가 도리어 요긴하고

하나의 몸과 많은 지체

23 우리가 몸의 덜 귀히 여기는 그것들
을 더욱 귀한 것들로 입혀 주며 우리의
아름답지 못한 지체는 더욱 아름다운 것
을 얻느니라 그런즉

24 우리의 아름다운 지체는 그럴 필요
가 없느니라 오직 하나님이 몸을 고르게
하여 부족한 지체에게 귀중함을 더하사

25 몸 가운데서 분쟁이 없고 오직 여러
지체가 서로 같이 돌보게 하셨느니라

26 만일 한 지체가 고통을 받으면 모든
지체가 함께 고통을 받고 한 지체가 영
광을 얻으면 모든 지체가 함께 즐거워하
느니라

27 너희는 그리스도의 몸이요 지체의
각 부분이라

28 하나님이 교회 중에 몇을 세우셨으
니 첫째는 사도요 둘째는 선지자요 셋째
는 교사요 그 다음은 능력을 행하는 자
요 그 다음은 병 고치는 은사와 서로 돕
는 것과 다스리는 것과 각종 방언을 말
하는 것이라

29 다 사도이겠느냐 다 선지자이겠느냐
다 교사이겠느냐 다 능력을 행하는 자이
겠느냐

30 다 병 고치는 은사를 가진 자이겠느
냐 다 방언을 말하는 자이겠느냐 다 통
역하는 자이겠느냐

31 너희는 더욱 큰 은사를 사모하라 내
가 또한 가장 좋은 길을 너희에게 보이
리라

사랑

13 내가 사람의 방언과 천사의 말을
할지라도 사랑이 없으면 소리 나
는 구리와 울리는 꽹과리가 되고

2 내가 예언하는 능력이 있어 모든 비
밀과 모든 지식을 알고 또 산을 옮길 만
한 모든 믿음이 있을지라도 사랑이 없으
면 내가 아무 것도 아니요

사랑

3 내가 내게 있는 모든 것으로 구제하
고 또 내 몸을 불사르게 내줄지라도 사
랑이 없으면 내게 아무 유익이 없느니라

4 사랑은 오래 참고 사랑은 온유하며
시기하지 아니하며 사랑은 자랑하지 아
니하며 교만하지 아니하며

5 무례히 행하지 아니하며 자기의 유
익을 구하지 아니하며 성내지 아니하며
악한 것을 생각하지 아니하며

6 불의를 기뻐하지 아니하며 진리와
함께 기뻐하고

7 모든 것을 참으며 모든 것을 믿으며
모든 것을 바라며 모든 것을 견디느니라

8 사랑은 언제까지나 떨어지지 아니하
되 예언도 폐하고 방언도 그치고 지식도
폐하리라

9 우리는 부분적으로 알고 부분적으로
예언하니

10 온전한 것이 올 때에는 부분적으로
하던 것이 폐하리라

11 내가 어렸을 때에는 말하는 것이 어
린 아이와 같고 깨닫는 것이 어린 아이
와 같고 생각하는 것이 어린 아이와 같
다가 장성한 사람이 되어서는 어린 아이
의 일을 버렸노라

12 우리가 지금은 거울로 보는 것 같이
희미하나 그 때에는 얼굴과 얼굴을 대하
여 볼 것이요 지금은 내가 부분적으로
아나 그 때에는 주께서 나를 아신 것 같
이 내가 온전히 알리라

13 그런즉 믿음, 소망, 사랑, 이 세 가지
는 항상 있을 것인데 그 중의 제일은 사
랑이라

방언과 예언

14 사랑을 추구하며 신령한 것들을
사모하되 특별히 예언을 하려고
하라

방언과 예언

2 방언을 말하는 자는 사람에게 하지
아니하고 하나님께 하나니 이는 알아 듣
는 자가 없고 영으로 비밀을 말함이라

3 그러나 예언하는 자는 사람에게 말
하여 덕을 세우며 권면하며 위로하는 것
이요

4 방언을 말하는 자는 자기의 덕을 세
우고 예언하는 자는 교회의 덕을 세우나
니

5 나는 너희가 다 방언 말하기를 원하
나 특별히 예언하기를 원하노라 만일 방
언을 말하는 자가 통역하여 교회의 덕을
세우지 아니하면 예언하는 자만 못하니
라

6 그런즉 형제들아 내가 너희에게 나
아가서 방언으로 말하고 계시나 지식이
나 예언이나 가르치는 것으로 말하지 아
니하면 너희에게 무엇이 유익하리요

7 혹 피리나 거문고와 같이 생명 없는
것이 소리를 낼 때에 그 음의 분별을 나
타내지 아니하면 피리 부는 것인지 거문
고 타는 것인지 어찌 알게 되리요

8 만일 나팔이 분명하지 못한 소리를
내면 누가 전투를 준비하리요

9 이와 같이 너희도 혀로써 알아 듣기
쉬운 말을 하지 아니하면 그 말하는 것
을 어찌 알리요 이는 허공에다 말하는
것이라

10 이같이 세상에 소리의 종류가 많으
나 뜻 없는 소리는 없나니

11 그러므로 내가 그 소리의 뜻을 알지
못하면 내가 말하는 자에게 외국인이 되
고 말하는 자도 내게 외국인이 되리니

12 그러므로 너희도 영적인 것을 사모
하는 자인즉 교회의 덕을 세우기 위하여
그것이 풍성하기를 구하라

13 그러므로 방언을 말하는 자는 통역
하기를 기도할지니

14 내가 만일 방언으로 기도하면 나의
영이 기도하거니와 나의 마음은 열매를
맺지 못하리라

15 그러면 어떻게 할까 내가 영으로 기
도하고 또 마음으로 기도하며 내가 영으
로 찬송하고 또 마음으로 찬송하리라

16 그렇지 아니하면 네가 영으로 축복
할 때에 알지 못하는 처지에 있는 자가
네가 무슨 말을 하는지 알지 못하고 네
감사에 어찌 아멘 하리요

17 너는 감사를 잘하였으나 그러나 다
른 사람은 덕 세움을 받지 못하리라

18 내가 너희 모든 사람보다 방언을 더
말하므로 하나님께 감사하노라

19 그러나 교회에서 내가 남을 가르치
기 위하여 깨달은 마음으로 다섯 마디
말을 하는 것이 일만 마디 방언으로 말
하는 것보다 나으니라

20 형제들아 지혜에는 아이가 되지 말
고 악에는 어린 아이가 되라 지혜에는
장성한 사람이 되라

21 율법에 기록된 바 주께서 이르시되
내가 다른 방언을 말하는 자와 다른 입
술로 이 백성에게 말할지라도 그들이 여
전히 듣지 아니하리라 하였으니

22 그러므로 방언은 믿는 자들을 위하
지 아니하고 믿지 아니하는 자들을 위하
는 표적이나 예언은 믿지 아니하는 자들
을 위하지 않고 믿는 자들을 위함이니라

23 그러므로 온 교회가 함께 모여 다 방
언으로 말하면 알지 못하는 자들이나 믿
지 아니하는 자들이 들어와서 너희를 미
쳤다 하지 아니하겠느냐

24 그러나 다 예언을 하면 믿지 아니하
는 자들이나 알지 못하는 자들이 들어와
서 모든 사람에게 책망을 들으며 모든
사람에게 판단을 받고

25 그 마음의 숨은 일들이 드러나게 되
므로 엎드리어 하나님께 경배하며 하나
님이 참으로 너희 가운데 계신다 전파하
리라

차례를 따라 하라

차례를 따라 하라

26 그런즉 형제들아 어찌할까 너희가
모일 때에 각각 찬송시도 있으며 가르치
는 말씀도 있으며 계시도 있으며 방언도
있으며 통역함도 있나니 모든 것을 덕을
세우기 위하여 하라

27 만일 누가 방언으로 말하거든 두 사
람이나 많아야 세 사람이 차례를 따라
하고 한 사람이 통역할 것이요

28 만일 통역하는 자가 없으면 교회에
서는 잠잠하고 자기와 하나님께 말할 것
이요

29 예언하는 자는 둘이나 셋이나 말하
고 다른 이들은 분별할 것이요

30 만일 곁에 앉아 있는 다른 이에게 계
시가 있으면 먼저 하던 자는 잠잠할지니
라

31 너희는 다 모든 사람으로 배우게 하
고 모든 사람으로 권면을 받게 하기 위
하여 하나씩 하나씩 예언할 수 있느니라

32 예언하는 자들의 영은 예언하는 자
들에게 제재를 받나니

33 하나님은 무질서의 하나님이 아니시
요 오직 화평의 하나님이시니라 모든 성
도가 교회에서 함과 같이

34 여자는 교회에서 잠잠하라 그들에게
는 말하는 것을 허락함이 없나니 율법에
이른 것 같이 오직 복종할 것이요

35 만일 무엇을 배우려거든 집에서 자
기 남편에게 물을지니 여자가 교회에서
말하는 것은 부끄러운 것이라

36 하나님의 말씀이 너희로부터 난 것
이냐 또는 너희에게만 임한 것이냐

37 만일 누구든지 자기를 선지자나 혹은
신령한 자로 생각하거든 내가 너희에게
편지하는 이 글이 주의 명령인 줄 알라

38 만일 누구든지 알지 못하면 그는 알
지 못한 자니라

39 그런즉 내 형제들아 예언하기를 사
모하며 방언 말하기를 금하지 말라

40 모든 것을 품위 있게 하고 질서 있게
하라

그리스도의 부활

15 형제들아 내가 너희에게 전한 복음
을 너희에게 알게 하노니 이는 너
희가 받은 것이요 또 그 가운데 선 것이라

2 너희가 만일 내가 전한 그 말을 굳게
지키고 헛되이 믿지 아니하였으면 그로
말미암아 구원을 받으리라

3 내가 받은 것을 먼저 너희에게 전하
였노니 이는 성경대로 그리스도께서 우
리 죄를 위하여 죽으시고

4 장사 지낸 바 되셨다가 성경대로 사
흘 만에 다시 살아나사

5 게바에게 보이시고 후에 열두 제자
에게와

6 그 후에 오백여 형제에게 일시에 보
이셨나니 그 중에 지금까지 대다수는 살
아 있고 어떤 사람은 잠들었으며

7 그 후에 야고보에게 보이셨으며 그
후에 모든 사도에게와

8 맨 나중에 만삭되지 못하여 난 자 같
은 내게도 보이셨느니라

9 나는 사도 중에 가장 작은 자라 나는
하나님의 교회를 박해하였으므로 사도
라 칭함 받기를 감당하지 못할 자니라

10 그러나 내가 나 된 것은 하나님의 은
혜로 된 것이니 내게 주신 그의 은혜가
헛되지 아니하여 내가 모든 사도보다 더
많이 수고하였으나 내가 한 것이 아니요
오직 나와 함께 하신 하나님의 은혜로라

그리스도의 부활

11 그러므로 나나 그들이나 이같이 전
파하매 너희도 이같이 믿었느니라

죽은 사람의 부활

죽은 사람의 부활

12 그리스도께서 죽은 자 가운데서 다
시 살아나셨다 전파되었거늘 너희 중에
서 어떤 사람들은 어찌하여 죽은 자 가
운데서 부활이 없다 하느냐

13 만일 죽은 자의 부활이 없으면 그리
스도도 다시 살아나지 못하셨으리라

14 그리스도께서 만일 다시 살아나지
못하셨으면 우리가 전파하는 것도 헛것
이요 또 너희 믿음도 헛것이며

15 또 우리가 하나님의 거짓 증인으로
발견되리니 우리가 하나님이 그리스도
를 다시 살리셨다고 증언하였음이라 만
일 죽은 자가 다시 살아나는 일이 없으
면 하나님이 그리스도를 다시 살리지 아
니하셨으리라

16 만일 죽은 자가 다시 살아나는 일이
없으면 그리스도도 다시 살아나신 일이
없었을 터이요

17 그리스도께서 다시 살아나신 일이
없으면 너희의 믿음도 헛되고 너희가 여
전히 죄 가운데 있을 것이요

18 또한 그리스도 안에서 잠자는 자도
망하였으리니

19 만일 그리스도 안에서 우리가 바라는
것이 다만 이 세상의 삶뿐이면 모든 사
람 가운데 우리가 더욱 불쌍한 자이리라

20 그러나 이제 그리스도께서 죽은 자
가운데서 다시 살아나사 잠자는 자들의
첫 열매가 되셨도다

21 사망이 한 사람으로 말미암았으니 죽
은 자의 부활도 한 사람으로 말미암는도다

22 아담 안에서 모든 사람이 죽은 것 같
이 그리스도 안에서 모든 사람이 삶을
얻으리라

23 그러나 각각 자기 차례대로 되리니
먼저는 첫 열매인 그리스도요 다음에는
그가 강림하실 때에 그리스도에게 속한
자요

24 그 후에는 마지막이니 그가 모든 통
치와 모든 권세와 능력을 멸하시고 나라
를 아버지 하나님께 바칠 때라

25 그가 모든 원수를 그 발 아래에 둘 때
까지 반드시 왕 노릇 하시리니

26 맨 나중에 멸망 받을 원수는 사망이
니라

27 만물을 그의 발 아래에 두셨다 하셨
으니 만물을 아래에 둔다 말씀하실 때에
만물을 그의 아래에 두신 이가 그 중에
들지 아니한 것이 분명하도다

28 만물을 그에게 복종하게 하실 때에
는 아들 자신도 그 때에 만물을 자기에
게 복종하게 하신 이에게 복종하게 되리
니 이는 하나님이 만유의 주로서 만유
안에 계시려 하심이라

29 만일 죽은 자들이 도무지 다시 살아
나지 못하면 죽은 자들을 위하여 세례를
받는 자들이 무엇을 하겠느냐 어찌하여
그들을 위하여 세례를 받느냐

30 또 어찌하여 우리가 언제나 위험을
무릅쓰리요

31 형제들아 내가 그리스도 예수 우리 주
안에서 가진 바 너희에 대한 나의 자랑을
두고 단언하노니 나는 날마다 죽노라

32 내가 사람의 방법으로 에베소에서
맹수와 더불어 싸웠다면 내게 무슨 유익
이 있으리요 죽은 자가 다시 살아나지
못한다면 내일 죽을 터이니 먹고 마시자
하리라

33 속지 말라 악한 동무들은 선한 행실
을 더럽히나니

34 깨어 의를 행하고 죄를 짓지 말라 하
나님을 알지 못하는 자가 있기로 내가
너희를 부끄럽게 하기 위하여 말하노라

몸의 부활

몸의 부활

35 누가 묻기를 죽은 자들이 어떻게 다시
살아나며 어떠한 몸으로 오느냐 하리니

36 어리석은 자여 네가 뿌리는 씨가 죽
지 않으면 살아나지 못하겠고

37 또 네가 뿌리는 것은 장래의 형체를
뿌리는 것이 아니요 다만 밀이나 다른
것의 알맹이 뿐이로되

38 하나님이 그 뜻대로 그에게 형체를 주
시되 각 종자에게 그 형체를 주시느니라

39 육체는 다 같은 육체가 아니니 하나
는 사람의 육체요 하나는 짐승의 육체요
하나는 새의 육체요 하나는 물고기의 육
체라

40 하늘에 속한 형체도 있고 땅에 속한
형체도 있으나 하늘에 속한 것의 영광이
따로 있고 땅에 속한 것의 영광이 따로
있으니

41 해의 영광이 다르고 달의 영광이 다
르며 별의 영광도 다른데 별과 별의 영
광이 다르도다

42 죽은 자의 부활도 그와 같으니 썩을
것으로 심고 썩지 아니할 것으로 다시
살아나며

43 욕된 것으로 심고 영광스러운 것으
로 다시 살아나며 약한 것으로 심고 강
한 것으로 다시 살아나며

44 육의 몸으로 심고 신령한 몸으로 다
시 살아나나니 육의 몸이 있은즉 또 영
의 몸도 있느니라

45 기록된 바 첫 사람 아담은 생령이 되
었다 함과 같이 마지막 아담은 살려 주
는 영이 되었나니

46 그러나 먼저는 신령한 사람이 아니
요 육의 사람이요 그 다음에 신령한 사
람이니라

47 첫 사람은 땅에서 났으니 흙에 속한
자이거니와 둘째 사람은 하늘에서 나셨
느니라

48 무릇 흙에 속한 자들은 저 흙에 속한
자와 같고 무릇 하늘에 속한 자들은 저
하늘에 속한 이와 같으니

49 우리가 흙에 속한 자의 형상을 입은
것 같이 또한 하늘에 속한 이의 형상을
입으리라

50 형제들아 내가 이것을 말하노니 혈
과 육은 하나님 나라를 이어 받을 수 없
고 또한 썩는 것은 썩지 아니하는 것을
유업으로 받지 못하느니라

51 보라 내가 너희에게 비밀을 말하노
니 우리가 다 잠 잘 것이 아니요 마지막
나팔에 순식간에 홀연히 다 변화되리니

52 나팔 소리가 나매 죽은 자들이 썩지
아니할 것으로 다시 살아나고 우리도 변
화되리라

53 이 썩을 것이 반드시 썩지 아니할 것
을 입겠고 이 죽을 것이 죽지 아니함을
입으리로다

54 이 썩을 것이 썩지 아니함을 입고 이
죽을 것이 죽지 아니함을 입을 때에는
사망을 삼키고 이기리라고 기록된 말씀
이 이루어지리라

55 사망아 너의 승리가 어디 있느냐 사
망아 네가 쏘는 것이 어디 있느냐

56 사망이 쏘는 것은 죄요 죄의 권능은
율법이라

57 우리 주 예수 그리스도로 말미암아
우리에게 승리를 주시는 하나님께 감사
하노니

58 그러므로 내 사랑하는 형제들아 견
실하며 흔들리지 말고 항상 주의 일에
더욱 힘쓰는 자들이 되라 이는 너희 수
고가 주 안에서 헛되지 않은 줄 앎이라

성도를 위하는 연보

16 성도를 위하는 연보에 관하여는
내가 갈라디아 교회들에게 명한
것 같이 너희도 그렇게 하라

성도를 위하는 연보

2 매주 첫날에 너희 각 사람이 수입에
따라 모아 두어서 내가 갈 때에 연보를
하지 않게 하라

3 내가 이를 때에 너희가 인정한 사람
에게 편지를 주어 너희의 은혜를 예루살
렘으로 가지고 가게 하리니

4 만일 나도 가는 것이 합당하면 그들
이 나와 함께 가리라

5 내가 마게도냐를 지날 터이니 마게
도냐를 지난 후에 너희에게 가서

6 혹 너희와 함께 머물며 겨울을 지낼
듯도 하니 이는 너희가 나를 내가 갈 곳
으로 보내어 주게 하려 함이라

7 이제는 지나는 길에 너희 보기를 원
하지 아니하노니 이는 만일 주께서 허락
하시면 얼마 동안 너희와 함께 머물기를
바람이라

8 내가 오순절까지 에베소에 머물려
함은

9 내게 광대하고 유효한 문이 열렸으
나 대적하는 자가 많음이라

10 디모데가 이르거든 너희는 조심하여
그로 두려움이 없이 너희 가운데 있게
하라 이는 그도 나와 같이 주의 일을 힘
쓰는 자임이라

11 그러므로 누구든지 그를 멸시하지
말고 평안히 보내어 내게로 오게 하라
나는 그가 형제들과 함께 오기를 기다리
노라

12 형제 아볼로에 대하여는 그에게 형
제들과 함께 너희에게 가라고 내가 많이
권하였으되 지금은 갈 뜻이 전혀 없으나
기회가 있으면 가리라

권면과 끝 인사

13 깨어 믿음에 굳게 서서 남자답게 강
건하라

권면과 끝 인사

14 너희 모든 일을 사랑으로 행하라

15 형제들아 스데바나의 집은 곧 아가
야의 첫 열매요 또 성도 섬기기로 작정
한 줄을 너희가 아는지라 내가 너희를
권하노니

16 이같은 사람들과 또 함께 일하며 수
고하는 모든 사람에게 순종하라

17 내가 스데바나와 브드나도와 아가이
고가 온 것을 기뻐하노니 그들이 너희의
부족한 것을 채웠음이라

18 그들이 나와 너희 마음을 시원하게
하였으니 그러므로 너희는 이런 사람들
을 알아 주라

19 아시아의 교회들이 너희에게 문안하
고 아굴라와 브리스가와 그 집에 있는
교회가 주 안에서 너희에게 간절히 문안
하고

20 모든 형제도 너희에게 문안하니 너
희는 거룩하게 입맞춤으로 서로 문안하
라

21 나 바울은 친필로 너희에게 문안하
노니

22 만일 누구든지 주를 사랑하지 아니
하면 저주를 받을지어다우리 주여 오시
옵소서

23 주 예수 그리스도의 은혜가 너희와
함께 하고

24 나의 사랑이 그리스도 예수 안에서
너희 무리와 함께 할지어다

고린도후서 2Corinthians

고난과 위로와 구원과 감사

1 하나님의 뜻으로 말미암아 그리스도
예수의 사도 된 바울과 형제 디모데
는 고린도에 있는 하나님의 교회와 또
온 아가야에 있는 모든 성도에게

2 하나님 우리 아버지와 주 예수 그리
스도로부터 은혜와 평강이 있기를 원하
노라

3 찬송하리로다 그는 우리 주 예수 그
리스도의 하나님이시요 자비의 아버지
시요 모든 위로의 하나님이시며

4 우리의 모든 환난 중에서 우리를 위
로하사 우리로 하여금 하나님께 받는 위
로로써 모든 환난 중에 있는 자들을 능
히 위로하게 하시는 이시로다

5 그리스도의 고난이 우리에게 넘친
것 같이 우리가 받는 위로도 그리스도로
말미암아 넘치는도다

6 우리가 환난 당하는 것도 너희가 위
로와 구원을 받게 하려는 것이요 우리가
위로를 받는 것도 너희가 위로를 받게
하려는 것이니 이 위로가 너희 속에 역
사하여 우리가 받는 것 같은 고난을 너
희도 견디게 하느니라

7 너희를 위한 우리의 소망이 견고함은
너희가 고난에 참여하는 자가 된 것 같이
위로에도 그러할 줄을 앎이라

8 형제들아 우리가 아시아에서 당한
환난을 너희가 모르기를 원하지 아니하
노니 힘에 겹도록 심한 고난을 당하여
살 소망까지 끊어지고

9 우리는 우리 자신이 사형 선고를 받
은 줄 알았으니 이는 우리로 자기를 의
지하지 말고 오직 죽은 자를 다시 살리
시는 하나님만 의지하게 하심이라

고난과 위로와 구원과 감사

10 그가 이같이 큰 사망에서 우리를 건
지셨고 또 건지실 것이며 이 후에도 건
지시기를 그에게 바라노라

11 너희도 우리를 위하여 간구함으로
도우라 이는 우리가 많은 사람의 기도로
얻은 은사로 말미암아 많은 사람이 우리
를 위하여 감사하게 하려 함이라

고린도 교회 방문을 연기하다

12 우리가 세상에서 특별히 너희에 대
하여 하나님의 거룩함과 진실함으로 행
하되 육체의 지혜로 하지 아니하고 하나
님의 은혜로 행함은 우리 양심이 증언하
는 바니 이것이 우리의 자랑이라

13 오직 너희가 읽고 아는 것 외에 우리
가 다른 것을 쓰지 아니하노니 너희가
완전히 알기를 내가 바라는 것은

14 너희가 우리를 부분적으로 알았으나
우리 주 예수의 날에는 너희가 우리의
자랑이 되고 우리가 너희의 자랑이 되는
그것이라

15 내가 이 확신을 가지고 너희로 두 번
은혜를 얻게 하기 위하여 먼저 너희에게
이르렀다가

16 너희를 지나 마게도냐로 갔다가 다
시 마게도냐에서 너희에게 가서 너희의
도움으로 유대로 가기를 계획하였으니

17 이렇게 계획할 때에 어찌 경솔히 하
였으리요 혹 계획하기를 육체를 따라 계
획하여 예 예 하면서 아니라 아니라 하
는 일이 내게 있겠느냐

18 하나님은 미쁘시니라 우리가 너희에
게 한 말은 예 하고 아니라 함이 없노라

19 우리 곧 나와 실루아노와 디모데로
말미암아 너희 가운데 전파된 하나님의
아들 예수 그리스도는 예 하고 아니라
함이 되지 아니하셨으니 그에게는 예만
되었느니라

고린도 교회 방문을 연기하다

20 하나님의 약속은 얼마든지 그리스도
안에서 예가 되니 그런즉 그로 말미암아
우리가 아멘 하여 하나님께 영광을 돌리
게 되느니라

21 우리를 너희와 함께 그리스도 안에
서 굳건하게 하시고 우리에게 기름을 부
으신 이는 하나님이시니

22 그가 또한 우리에게 인치시고 보증으
로 우리 마음에 성령을 주셨느니라

23 내가 내 목숨을 걸고 하나님을 불러
증언하시게 하노니 내가 다시 고린도에
가지 아니한 것은 너희를 아끼려 함이라

24 우리가 너희 믿음을 주관하려는 것
이 아니요 오직 너희 기쁨을 돕는 자가
되려 함이니 이는 너희가 믿음에 섰음이
라

2 내가 다시는 너희에게 근심 중에 나
아가지 아니하기로 스스로 결심하
였노니

2 내가 너희를 근심하게 한다면 내가
근심하게 한 자밖에 나를 기쁘게 할 자
가 누구냐

3 내가 이같이 쓴 것은 내가 갈 때에 마
땅히 나를 기쁘게 할 자로부터 도리어
근심을 얻을까 염려함이요 또 너희 모두
에 대한 나의 기쁨이 너희 모두의 기쁨
인 줄 확신함이로라

4 내가 마음에 큰 눌림과 걱정이 있어
많은 눈물로 너희에게 썼노니 이는 너희
로 근심하게 하려 한 것이 아니요 오직
내가 너희를 향하여 넘치는 사랑이 있음
을 너희로 알게 하려 함이라

근심하게 한 사람을 용서하라

근심하게 한 사람을 용서하라

5 근심하게 한 자가 있었을지라도 나
를 근심하게 한 것이 아니요 어느 정도
너희 모두를 근심하게 한 것이니 어느
정도라 함은 내가 너무 지나치게 말하지
아니하려 함이라

6 이러한 사람은 많은 사람에게서 벌
받는 것이 마땅하도다

7 그런즉 너희는 차라리 그를 용서하
고 위로할 것이니 그가 너무 많은 근심
에 잠길까 두려워하노라

8 그러므로 너희를 권하노니 사랑을
그들에게 나타내라

9 너희가 범사에 순종하는지 그 증거
를 알고자 하여 내가 이것을 너희에게
썼노라

10 너희가 무슨 일에든지 누구를 용서하
면 나도 그리하고 내가 만일 용서한 일이
있으면 용서한 그것은 너희를 위하여 그
리스도 앞에서 한 것이니

11 이는 우리로 사탄에게 속지 않게 하
려 함이라 우리는 그 계책을 알지 못하
는 바가 아니로라

그리스도의 향기

12 내가 그리스도의 복음을 위하여 드
로아에 이르매 주 안에서 문이 내게 열
렸으되

13 내가 내 형제 디도를 만나지 못하므
로 내 심령이 편하지 못하여 그들을 작
별하고 마게도냐로 갔노라

14 항상 우리를 그리스도 안에서 이기
게 하시고 우리로 말미암아 각처에서 그
리스도를 아는 냄새를 나타내시는 하나
님께 감사하노라

15 우리는 구원 받는 자들에게나 망하
는 자들에게나 하나님 앞에서 그리스도
의 향기니

16 이 사람에게는 사망으로부터 사망에
이르는 냄새요 저 사람에게는 생명으로
부터 생명에 이르는 냄새라 누가 이 일
을 감당하리요

그리스도의 향기

17 우리는 수많은 사람들처럼 하나님의
말씀을 혼잡하게 하지 아니하고 곧 순전
함으로 하나님께 받은 것 같이 하나님
앞에서와 그리스도 안에서 말하노라

새 언약의 일꾼들

3 우리가 다시 자천하기를 시작하겠
느냐 우리가 어찌 어떤 사람처럼 추
천서를 너희에게 부치거나 혹은 너희에
게 받거나 할 필요가 있느냐

2 너희는 우리의 편지라 우리 마음에
썼고 뭇 사람이 알고 읽는 바라

3 너희는 우리로 말미암아 나타난 그
리스도의 편지니 이는 먹으로 쓴 것이
아니요 오직 살아 계신 하나님의 영으로
쓴 것이며 또 돌판에 쓴 것이 아니요 오
직 육의 마음판에 쓴 것이라

4 우리가 그리스도로 말미암아 하나님
을 향하여 이같은 확신이 있으니

5 우리가 무슨 일이든지 우리에게서
난 것 같이 스스로 만족할 것이 아니니
우리의 만족은 오직 하나님으로부터 나
느니라

6 그가 또한 우리를 새 언약의 일꾼 되
기에 만족하게 하셨으니 율법 조문으로
하지 아니하고 오직 영으로 함이니 율법
조문은 죽이는 것이요 영은 살리는 것이
니라

7 돌에 써서 새긴 죽게 하는 율법 조문
의 직분도 영광이 있어 이스라엘 자손들
은 모세의 얼굴의 없어질 영광 때문에도
그 얼굴을 주목하지 못하였거든

8 하물며 영의 직분은 더욱 영광이 있
지 아니하겠느냐

9 정죄의 직분도 영광이 있은즉 의의
직분은 영광이 더욱 넘치리라

10 영광되었던 것이 더 큰 영광으로 말
미암아 이에 영광될 것이 없으나

새 언약의 일꾼들

11 없어질 것도 영광으로 말미암았은즉 길
이 있을 것은 더욱 영광 가운데 있느니라

12 우리가 이같은 소망이 있으므로 담
대히 말하노니

13 우리는 모세가 이스라엘 자손들에게
장차 없어질 것의 결국을 주목하지 못하
게 하려고 수건을 그 얼굴에 쓴 것 같이
아니하노라

14 그러나 그들의 마음이 완고하여 오
늘까지도 구약을 읽을 때에 그 수건이
벗겨지지 아니하고 있으니 그 수건은 그
리스도 안에서 없어질 것이라

15 오늘까지 모세의 글을 읽을 때에 수
건이 그 마음을 덮었도다

16 그러나 언제든지 주께로 돌아가면
그 수건이 벗겨지리라

17 주는 영이시니 주의 영이 계신 곳에
는 자유가 있느니라

18 우리가 다 수건을 벗은 얼굴로 거울을
보는 것 같이 주의 영광을 보매 그와 같
은 형상으로 변화하여 영광에서 영광에
이르니 곧 주의 영으로 말미암음이니라

질그릇에 담긴 보배

4 그러므로 우리가 이 직분을 받아 긍
휼하심을 입은 대로 낙심하지 아니
하고

2 이에 숨은 부끄러움의 일을 버리고
속임으로 행하지 아니하며 하나님의 말
씀을 혼잡하게 하지 아니하고 오직 진리
를 나타냄으로 하나님 앞에서 각 사람의
양심에 대하여 스스로 추천하노라

3 만일 우리의 복음이 가리었으면 망
하는 자들에게 가리어진 것이라

4 그 중에 이 세상의 신이 믿지 아니하는
자들의 마음을 혼미하게 하여 그리스도의
영광의 복음의 광채가 비치지 못하게 함
이니 그리스도는 하나님의 형상이니라

질그릇에 담긴 보배

5 우리는 우리를 전파하는 것이 아니
라 오직 그리스도 예수의 주 되신 것과
또 예수를 위하여 우리가 너희의 종 된
것을 전파함이라

6 어두운 데에 빛이 비치라 말씀하셨
던 그 하나님께서 예수 그리스도의 얼굴
에 있는 하나님의 영광을 아는 빛을 우
리 마음에 비추셨느니라

7 우리가 이 보배를 질그릇에 가졌으
니 이는 심히 큰 능력은 하나님께 있고
우리에게 있지 아니함을 알게 하려 함이
라

8 우리가 사방으로 욱여쌈을 당하여도
싸이지 아니하며 답답한 일을 당하여도
낙심하지 아니하며

9 박해를 받아도 버린 바 되지 아니하
며 거꾸러뜨림을 당하여도 망하지 아니
하고

10 우리가 항상 예수의 죽음을 몸에 짊
어짐은 예수의 생명이 또한 우리 몸에
나타나게 하려 함이라

11 우리 살아 있는 자가 항상 예수를 위
하여 죽음에 넘겨짐은 예수의 생명이 또
한 우리 죽을 육체에 나타나게 하려 함
이라

12 그런즉 사망은 우리 안에서 역사하고
생명은 너희 안에서 역사하느니라

13 기록된 바 내가 믿었으므로 말하였
다 한 것 같이 우리가 같은 믿음의 마음
을 가졌으니 우리도 믿었으므로 또한 말
하노라

14 주 예수를 다시 살리신 이가 예수와
함께 우리도 다시 살리사 너희와 함께
그 앞에 서게 하실 줄을 아노라

15 이는 모든 것이 너희를 위함이니 많
은 사람의 감사로 말미암아 은혜가 더하
여 넘쳐서 하나님께 영광을 돌리게 하려
함이라

겉사람과 속사람

16 그러므로 우리가 낙심하지 아니하노
니 우리의 겉사람은 낡아지나 우리의 속
사람은 날로 새로워지도다

17 우리가 잠시 받는 환난의 경한 것이
지극히 크고 영원한 영광의 중한 것을
우리에게 이루게 함이니

18 우리가 주목하는 것은 보이는 것이
아니요 보이지 않는 것이니 보이는 것은
잠깐이요 보이지 않는 것은 영원함이라

5 만일 땅에 있는 우리의 장막 집이 무
너지면 하나님께서 지으신 집 곧 손
으로 지은 것이 아니요 하늘에 있는 영
원한 집이 우리에게 있는 줄 아느니라

2 참으로 우리가 여기 있어 탄식하며
하늘로부터 오는 우리 처소로 덧입기를
간절히 사모하노라

3 이렇게 입음은 우리가 벗은 자들로
발견되지 않으려 함이라

4 참으로 이 장막에 있는 우리가 짐진
것 같이 탄식하는 것은 벗고자 함이 아
니요 오히려 덧입고자 함이니 죽을 것이
생명에 삼킨 바 되게 하려 함이라

5 곧 이것을 우리에게 이루게 하시고
보증으로 성령을 우리에게 주신 이는 하
나님이시니라

6 그러므로 우리가 항상 담대하여 몸
으로 있을 때에는 주와 따로 있는 줄을
아노니

7 이는 우리가 믿음으로 행하고 보는
것으로 행하지 아니함이로라

8 우리가 담대하여 원하는 바는 차라
리 몸을 떠나 주와 함께 있는 그것이라

9 그런즉 우리는 몸으로 있든지 떠나
든지 주를 기쁘시게 하는 자가 되기를
힘쓰노라

겉사람과 속사람

10 이는 우리가 다 반드시 그리스도의
심판대 앞에 나타나게 되어 각각 선악간
에 그 몸으로 행한 것을 따라 받으려 함
이라

화목하게 하는 직분

11 우리는 주의 두려우심을 알므로 사
람들을 권면하거니와 우리가 하나님 앞
에 알리어졌으니 또 너희의 양심에도 알
리어지기를 바라노라

12 우리가 다시 너희에게 자천하는 것
이 아니요 오직 우리로 말미암아 자랑할
기회를 너희에게 주어 마음으로 하지 않
고 외모로 자랑하는 자들에게 대답하게
하려 하는 것이라

13 우리가 만일 미쳤어도 하나님을 위
한 것이요 정신이 온전하여도 너희를 위
한 것이니

14 그리스도의 사랑이 우리를 강권하시
는도다 우리가 생각하건대 한 사람이 모
든 사람을 대신하여 죽었은즉 모든 사람
이 죽은 것이라

15 그가 모든 사람을 대신하여 죽으심은
살아 있는 자들로 하여금 다시는 그들 자
신을 위하여 살지 않고 오직 그들을 대신
하여 죽었다가 다시 살아나신 이를 위하
여 살게 하려 함이라

16 그러므로 우리가 이제부터는 어떤
사람도 육신을 따라 알지 아니하노라 비
록 우리가 그리스도도 육신을 따라 알았
으나 이제부터는 그같이 알지 아니하노
라

17 그런즉 누구든지 그리스도 안에 있
으면 새로운 피조물이라 이전 것은 지나
갔으니 보라 새 것이 되었도다

18 모든 것이 하나님께로서 났으며 그
가 그리스도로 말미암아 우리를 자기와
화목하게 하시고 또 우리에게 화목하게
하는 직분을 주셨으니

화목하게 하는 직분

19 곧 하나님께서 그리스도 안에 계시
사 세상을 자기와 화목하게 하시며 그들
의 죄를 그들에게 돌리지 아니하시고 화
목하게 하는 말씀을 우리에게 부탁하셨
느니라

20 그러므로 우리가 그리스도를 대신하
여 사신이 되어 하나님이 우리를 통하여
너희를 권면하시는 것 같이 그리스도를
대신하여 간청하노니 너희는 하나님과
화목하라

21 하나님이 죄를 알지도 못하신 이를
우리를 대신하여 죄로 삼으신 것은 우리
로 하여금 그 안에서 하나님의 의가 되
게 하려 하심이라

6 우리가 하나님과 함께 일하는 자로
서 너희를 권하노니 하나님의 은혜
를 헛되이 받지 말라

2 이르시되 내가 은혜 베풀 때에 너에
게 듣고 구원의 날에 너를 도왔다 하셨
으니 보라 지금은 은혜 받을 만한 때요 보
라 지금은 구원의 날이로다

3 우리가 이 직분이 비방을 받지 않게
하려고 무엇에든지 아무에게도 거리끼
지 않게 하고

4 오직 모든 일에 하나님의 일꾼으로
자천하여 많이 견디는 것과 환난과 궁핍
과 고난과

5 매 맞음과 갇힘과 난동과 수고로움과
자지 못함과 먹지 못함 가운데서도

6 깨끗함과 지식과 오래 참음과 자비
함과 성령의 감화와 거짓이 없는 사랑과

7 진리의 말씀과 하나님의 능력으로
의의 무기를 좌우에 가지고

8 영광과 욕됨으로 그러했으며 악한
이름과 아름다운 이름으로 그러했느니
라 우리는 속이는 자 같으나 참되고

9 무명한 자 같으나 유명한 자요 죽은
자 같으나 보라 우리가 살아 있고 징계를
받는 자 같으나 죽임을 당하지 아니하고

10 근심하는 자 같으나 항상 기뻐하고
가난한 자 같으나 많은 사람을 부요하게
하고 아무 것도 없는 자 같으나 모든 것
을 가진 자로다

11 고린도인들이여 너희를 향하여 우리
의 입이 열리고 우리의 마음이 넓어졌으
니

12 너희가 우리 안에서 좁아진 것이 아니
라 오직 너희 심정에서 좁아진 것이니라

13 내가 자녀에게 말하듯 하노니 보답
하는 것으로 너희도 마음을 넓히라

우리는 살아 계신 하나님의 성전

우리는 살아 계신 하나님의 성전

14 너희는 믿지 않는 자와 멍에를 함께
메지 말라 의와 불법이 어찌 함께 하며
빛과 어둠이 어찌 사귀며

15 그리스도와 벨리알이 어찌 조화되며
믿는 자와 믿지 않는 자가 어찌 상관하며

16 하나님의 성전과 우상이 어찌 일치
가 되리요 우리는 살아 계신 하나님의
성전이라 이와 같이 하나님께서 이르시
되 내가 그들 가운데 거하며 두루 행하
여 나는 그들의 하나님이 되고 그들은
나의 백성이 되리라

17 그러므로 너희는 그들 중에서 나와
서 따로 있고 부정한 것을 만지지 말라
내가 너희를 영접하여

18 너희에게 아버지가 되고 너희는 내
게 자녀가 되리라 전능하신 주의 말씀이
니라 하셨느니라

7 그런즉 사랑하는 자들아 이 약속을
가진 우리는 하나님을 두려워하는
가운데서 거룩함을 온전히 이루어 육과
영의 온갖 더러운 것에서 자신을 깨끗하
게 하자

고린도 교회의 회개를 기뻐하다

고린도 교회의 회개를 기뻐하다

2 마음으로 우리를 영접하라 우리는
아무에게도 불의를 행하지 않고 아무에
게도 해롭게 하지 않고 아무에게서도 속
여 빼앗은 일이 없노라

3 내가 이 말을 하는 것은 너희를 정죄
하려고 하는 것이 아니라 내가 이전에
말하였거니와 너희가 우리 마음에 있어
함께 죽고 함께 살게 하고자 함이라

4 나는 너희를 향하여 담대한 것도 많
고 너희를 위하여 자랑하는 것도 많으니
내가 우리의 모든 환난 가운데서도 위로
가 가득하고 기쁨이 넘치는도다

5 우리가 마게도냐에 이르렀을 때에도
우리 육체가 편하지 못하였고 사방으로
환난을 당하여 밖으로는 다툼이요 안으
로는 두려움이었노라

6 그러나 낙심한 자들을 위로하시는 하나
님이 디도가 옴으로 우리를 위로하셨으니

7 그가 온 것뿐 아니요 오직 그가 너희
에게서 받은 그 위로로 위로하고 너희의
사모함과 애통함과 나를 위하여 열심 있
는 것을 우리에게 보고함으로 나를 더욱
기쁘게 하였느니라

8 그러므로 내가 편지로 너희를 근심
하게 한 것을 후회하였으나 지금은 후회
하지 아니함은 그 편지가 너희로 잠시만
근심하게 한 줄을 앎이라

9 내가 지금 기뻐함은 너희로 근심하
게 한 까닭이 아니요 도리어 너희가 근
심함으로 회개함에 이른 까닭이라 너희
가 하나님의 뜻대로 근심하게 된 것은
우리에게서 아무 해도 받지 않게 하려
함이라

10 하나님의 뜻대로 하는 근심은 후회
할 것이 없는 구원에 이르게 하는 회개
를 이루는 것이요 세상 근심은 사망을
이루는 것이니라

11 보라 하나님의 뜻대로 하게 된 이 근
심이 너희로 얼마나 간절하게 하며 얼마
나 변증하게 하며 얼마나 분하게 하며
얼마나 두렵게 하며 얼마나 사모하게 하
며 얼마나 열심 있게 하며 얼마나 벌하
게 하였는가 너희가 그 일에 대하여 일
체 너희 자신의 깨끗함을 나타내었느니
라

12 그런즉 내가 너희에게 쓴 것은 그 불
의를 행한 자를 위한 것도 아니요 그 불
의를 당한 자를 위한 것도 아니요 오직
우리를 위한 너희의 간절함이 하나님 앞
에서 너희에게 나타나게 하려 함이로라

13 이로 말미암아 우리가 위로를 받았
고 우리가 받은 위로 위에 디도의 기쁨
으로 우리가 더욱 많이 기뻐함은 그의
마음이 너희 무리로 말미암아 안심함을
얻었음이라

14 내가 그에게 너희를 위하여 자랑한
것이 있더라도 부끄럽지 아니하니 우리
가 너희에게 이른 말이 다 참된 것 같이
디도 앞에서 우리가 자랑한 것도 참되게
되었도다

15 그가 너희 모든 사람들이 두려움과
떪으로 자기를 영접하여 순종한 것을 생
각하고 너희를 향하여 그의 심정이 더욱
깊었으니

16 내가 범사에 너희를 신뢰하게 된 것
을 기뻐하노라

풍성한 연보

풍성한 연보

8 형제들아 하나님께서 마게도냐 교
회들에게 주신 은혜를 우리가 너희
에게 알리노니

2 환난의 많은 시련 가운데서 그들의
넘치는 기쁨과 극심한 가난이 그들의 풍
성한 연보를 넘치도록 하게 하였느니라

3 내가 증언하노니 그들이 힘대로 할
뿐 아니라 힘에 지나도록 자원하여

4 이 은혜와 성도 섬기는 일에 참여함
에 대하여 우리에게 간절히 구하니

5 우리가 바라던 것뿐 아니라 그들이
먼저 자신을 주께 드리고 또 하나님의
뜻을 따라 우리에게 주었도다

6 그러므로 우리가 디도를 권하여 그
가 이미 너희 가운데서 시작하였은즉 이
은혜를 그대로 성취하게 하라 하였노라

7 오직 너희는 믿음과 말과 지식과 모
든 간절함과 우리를 사랑하는 이 모든
일에 풍성한 것 같이 이 은혜에도 풍성
하게 할지니라

8 내가 명령으로 하는 말이 아니요 오
직 다른 이들의 간절함을 가지고 너희의
사랑의 진실함을 증명하고자 함이로라

9 우리 주 예수 그리스도의 은혜를 너희
가 알거니와 부요하신 이로서 너희를 위
하여 가난하게 되심은 그의 가난함으로
말미암아 너희를 부요하게 하려 하심이라

10 이 일에 관하여 나의 뜻을 알리노니
이 일은 너희에게 유익함이라 너희가 일
년 전에 행하기를 먼저 시작할 뿐 아니
라 원하기도 하였은즉

11 이제는 하던 일을 성취할지니 마음에
원하던 것과 같이 완성하되 있는 대로 하라

12 할 마음만 있으면 있는 대로 받으실
터이요 없는 것은 받지 아니하시리라

13 이는 다른 사람들은 평안하게 하고
너희는 곤고하게 하려는 것이 아니요 균
등하게 하려 함이니

14 이제 너희의 넉넉한 것으로 그들의
부족한 것을 보충함은 후에 그들의 넉넉
한 것으로 너희의 부족한 것을 보충하여
균등하게 하려 함이라

15 기록된 것 같이 많이 거둔 자도 남지
아니하였고 적게 거둔 자도 모자라지 아
니하였느니라

디도와 그의 동역자

16 너희를 위하여 같은 간절함을 디도의
마음에도 주시는 하나님께 감사하노니

17 그가 권함을 받고 더욱 간절함으로
자원하여 너희에게 나아갔고

18 또 그와 함께 그 형제를 보내었으니
이 사람은 복음으로써 모든 교회에서 칭
찬을 받는 자요

19 이뿐 아니라 그는 동일한 주의 영광과
우리의 원을 나타내기 위하여 여러 교회
의 택함을 받아 우리가 맡은 은혜의 일로
우리와 동행하는 자라

20 이것을 조심함은 우리가 맡은 이 거
액의 연보에 대하여 아무도 우리를 비방
하지 못하게 하려 함이니

21 이는 우리가 주 앞에서뿐 아니라 사
람 앞에서도 선한 일에 조심하려 함이라

22 또 그들과 함께 우리의 한 형제를 보
내었노니 우리는 그가 여러 가지 일에
간절한 것을 여러 번 확인하였거니와 이
제 그가 너희를 크게 믿으므로 더욱 간
절하니라

23 디도로 말하면 나의 동료요 너희를
위한 나의 동역자요 우리 형제들로 말하
면 여러 교회의 사자들이요 그리스도의
영광이니라

24 그러므로 너희는 여러 교회 앞에서
너희의 사랑과 너희에 대한 우리 자랑의
증거를 그들에게 보이라

가난한 성도를 섬기는 연보

9 성도를 섬기는 일에 대하여는 내가
너희에게 쓸 필요가 없나니

2 이는 내가 너희의 원함을 앎이라 내
가 너희를 위하여 마게도냐인들에게 아
가야에서는 일 년 전부터 준비하였다는
것을 자랑하였는데 과연 너희의 열심이
퍽 많은 사람들을 분발하게 하였느니라

디도와 그의 동역자

가난한 성도를 섬기는 연보

3 그런데 이 형제들을 보낸 것은 이 일에
너희를 위한 우리의 자랑이 헛되지 않고
내가 말한 것 같이 준비하게 하려 함이라

4 혹 마게도냐인들이 나와 함께 가서 너
희가 준비하지 아니한 것을 보면 너희는
고사하고 우리가 이 믿던 것에 부끄러움
을 당할까 두려워하노라

5 그러므로 내가 이 형제들로 먼저 너
희에게 가서 너희가 전에 약속한 연보를
미리 준비하게 하도록 권면하는 것이 필
요한 줄 생각하였노니 이렇게 준비하여
야 참 연보답고 억지가 아니니라

6 이것이 곧 적게 심는 자는 적게 거두고
많이 심는 자는 많이 거둔다 하는 말이로다

7 각각 그 마음에 정한 대로 할 것이요
인색함으로나 억지로 하지 말지니 하나
님은 즐겨 내는 자를 사랑하시느니라

8 하나님이 능히 모든 은혜를 너희에
게 넘치게 하시나니 이는 너희로 모든
일에 항상 모든 것이 넉넉하여 모든 착
한 일을 넘치게 하게 하려 하심이라

9 기록된 바 그가 흩어 가난한 자들에
게 주었으니 그의 의가 영원토록 있느니
라 함과 같으니라

10 심는 자에게 씨와 먹을 양식을 주시는
이가 너희 심을 것을 주사 풍성하게 하시
고 너희 의의 열매를 더하게 하시리니

11 너희가 모든 일에 넉넉하여 너그럽게
연보를 함은 그들이 우리로 말미암아 하
나님께 감사하게 하는 것이라

12 이 봉사의 직무가 성도들의 부족한 것
을 보충할 뿐 아니라 사람들이 하나님께
드리는 많은 감사로 말미암아 넘쳤느니라

13 이 직무로 증거를 삼아 너희가 그리
스도의 복음을 진실히 믿고 복종하는 것
과 그들과 모든 사람을 섬기는 너희의
후한 연보로 말미암아 하나님께 영광을
돌리고

14 또 그들이 너희를 위하여 간구하며
하나님이 너희에게 주신 지극한 은혜로
말미암아 너희를 사모하느니라

15 말할 수 없는 그의 은사로 말미암아
하나님께 감사하노라

바울이 자기의 사도직을 변호하다

바울이 자기의 사도직을 변호하다

10 너희를 대면하면 유순하고 떠나
있으면 너희에 대하여 담대한 나
바울은 이제 그리스도의 온유와 관용으
로 친히 너희를 권하고

2 또한 우리를 육신에 따라 행하는 자
로 여기는 자들에 대하여 내가 담대히
대하는 것 같이 너희와 함께 있을 때에
나로 하여금 이 담대한 태도로 대하지
않게 하기를 구하노라

3 우리가 육신으로 행하나 육신에 따
라 싸우지 아니하노니

4 우리의 싸우는 무기는 육신에 속한
것이 아니요 오직 어떤 견고한 진도 무
너뜨리는 하나님의 능력이라 모든 이론
을 무너뜨리며

5 하나님 아는 것을 대적하여 높아진
것을 다 무너뜨리고 모든 생각을 사로잡
아 그리스도에게 복종하게 하니

6 너희의 복종이 온전하게 될 때에 모
든 복종하지 않는 것을 벌하려고 준비하
는 중에 있노라

7 너희는 외모만 보는도다 만일 사람
이 자기가 그리스도에게 속한 줄을 믿을
진대 자기가 그리스도에게 속한 것 같이
우리도 그러한 줄을 자기 속으로 다시
생각할 것이라

8 주께서 주신 권세는 너희를 무너뜨
리려고 하신 것이 아니요 세우려고 하신
것이니 내가 이에 대하여 지나치게 자랑
하여도 부끄럽지 아니하리라

9 이는 내가 편지들로 너희를 놀라게
하려는 것 같이 생각하지 않게 함이라

10 그들의 말이 그의 편지들은 무게가
있고 힘이 있으나 그가 몸으로 대할 때
는 약하고 그 말도 시원하지 않다 하니

11 이런 사람은 우리가 떠나 있을 때에
편지들로 말하는 것과 함께 있을 때에
행하는 일이 같은 것임을 알지라

12 우리는 자기를 칭찬하는 어떤 자와 더
불어 감히 짝하며 비교할 수 없노라 그러
나 그들이 자기로써 자기를 헤아리고 자
기로써 자기를 비교하니 지혜가 없도다

13 그러나 우리는 분수 이상의 자랑을 하
지 않고 오직 하나님이 우리에게 나누어
주신 그 범위의 한계를 따라 하노니 곧 너
희에게까지 이른 것이라

14 우리가 너희에게 미치지 못할 자로
서 스스로 지나쳐 나아간 것이 아니요
그리스도의 복음으로 너희에게까지 이
른 것이라

15 우리는 남의 수고를 가지고 분수 이
상의 자랑을 하는 것이 아니라 오직 너
희 믿음이 자랄수록 우리의 규범을 따라
너희 가운데서 더욱 풍성하여지기를 바
라노라

16 이는 남의 규범으로 이루어 놓은 것
으로 자랑하지 아니하고 너희 지역을 넘
어 복음을 전하려 함이라

17 자랑하는 자는 주 안에서 자랑할지니라

18 옳다 인정함을 받는 자는 자기를 칭
찬하는 자가 아니요 오직 주께서 칭찬하
시는 자니라

바울과 거짓 사도들

11 원하건대 너희는 나의 좀 어리석은
것을 용납하라 청하건대 나를 용납
하라

2 내가 하나님의 열심으로 너희를 위
하여 열심을 내노니 내가 너희를 정결한
처녀로 한 남편인 그리스도께 드리려고
중매함이로다 그러나 나는

바울과 거짓 사도들

3 뱀이 그 간계로 하와를 미혹한 것 같
이 너희 마음이 그리스도를 향하는 진실
함과 깨끗함에서 떠나 부패할까 두려워
하노라

4 만일 누가 가서 우리가 전파하지 아
니한 다른 예수를 전파하거나 혹은 너희
가 받지 아니한 다른 영을 받게 하거나
혹은 너희가 받지 아니한 다른 복음을
받게 할 때에는 너희가 잘 용납하는구나

5 나는 지극히 크다는 사도들보다 부
족한 것이 조금도 없는 줄로 생각하노라

6 내가 비록 말에는 부족하나 지식에
는 그렇지 아니하니 이것을 우리가 모든
사람 가운데서 모든 일로 너희에게 나타
내었노라

7 내가 너희를 높이려고 나를 낮추어
하나님의 복음을 값없이 너희에게 전함
으로 죄를 지었느냐

8 내가 너희를 섬기기 위하여 다른 여러
교회에서 비용을 받은 것은 탈취한 것이라

9 또 내가 너희와 함께 있을 때 비용이
부족하였으되 아무에게도 누를 끼치지
아니하였음은 마게도냐에서 온 형제들이
나의 부족한 것을 보충하였음이라 내가
모든 일에 너희에게 폐를 끼치지 않기 위
하여 스스로 조심하였고 또 조심하리라

10 그리스도의 진리가 내 속에 있으니
아가야 지방에서 나의 이 자랑이 막히지
아니하리라

11 어떠한 까닭이냐 내가 너희를 사랑
하지 아니함이냐 하나님이 아시느니라

12 나는 내가 해 온 그대로 앞으로도 하
리니 기회를 찾는 자들이 그 자랑하는
일로 우리와 같이 인정 받으려는 그 기
회를 끊으려 함이라

13 그런 사람들은 거짓 사도요 속이는
일꾼이니 자기를 그리스도의 사도로 가
장하는 자들이니

14 이것은 이상한 일이 아니니라 사탄
도 자기를 광명의 천사로 가장하나니

15 그러므로 사탄의 일꾼들도 자기를
의의 일꾼으로 가장하는 것이 또한 대단
한 일이 아니니라 그들의 마지막은 그
행위대로 되리라

바울의 참된 자랑

16 내가 다시 말하노니 누구든지 나를
어리석은 자로 여기지 말라 만일 그러하
더라도 내가 조금 자랑할 수 있도록 어
리석은 자로 받으라

17 내가 말하는 것은 주를 따라 하는 말
이 아니요 오직 어리석은 자와 같이 기
탄 없이 자랑하노라

18 여러 사람이 육신을 따라 자랑하니
나도 자랑하겠노라

19 너희는 지혜로운 자로서 어리석은
자들을 기쁘게 용납하는구나

20 누가 너희를 종으로 삼거나 잡아먹
거나 빼앗거나 스스로 높이거나 뺨을 칠
지라도 너희가 용납하는도다

21 나는 우리가 약한 것 같이 욕되게 말
하노라 그러나 누가 무슨 일에 담대하면
어리석은 말이나마 나도 담대하리라

22 그들이 히브리인이냐 나도 그러하며
그들이 이스라엘인이냐 나도 그러하며 그
들이 아브라함의 후손이냐 나도 그러하며

23 그들이 그리스도의 일꾼이냐 정신 없
는 말을 하거니와 나는 더욱 그러하도다
내가 수고를 넘치도록 하고 옥에 갇히기
도 더 많이 하고 매도 수없이 맞고 여러
번 죽을 뻔하였으니

24 유대인들에게 사십에서 하나 감한
매를 다섯 번 맞았으며

25 세 번 태장으로 맞고 한 번 돌로 맞고
세 번 파선하고 일 주야를 깊은 바다에
서 지냈으며

바울의 참된 자랑

26 여러 번 여행하면서 강의 위험과 강도
의 위험과 동족의 위험과 이방인의 위험
과 시내의 위험과 광야의 위험과 바다의
위험과 거짓 형제 중의 위험을 당하고

27 또 수고하며 애쓰고 여러 번 자지 못
하고 주리며 목마르고 여러 번 굶고 춥
고 헐벗었노라

28 이 외의 일은 고사하고 아직도 날마다
내 속에 눌리는 일이 있으니 곧 모든 교회
를 위하여 염려하는 것이라

29 누가 약하면 내가 약하지 아니하며
누가 실족하게 되면 내가 애타지 아니하
더냐

30 내가 부득불 자랑할진대 내가 약한
것을 자랑하리라

31 주 예수의 아버지 영원히 찬송할 하
나님이 내가 거짓말 아니하는 것을 아시
느니라

32 다메섹에서 아레다 왕의 고관이 나
를 잡으려고 다메섹 성을 지켰으나

33 나는 광주리를 타고 들창문으로 성
벽을 내려가 그 손에서 벗어났노라

주께서 보여 주신 환상과 계시

12 무익하나마 내가 부득불 자랑하
노니 주의 환상과 계시를 말하리
라

2 내가 그리스도 안에 있는 한 사람을
아노니 그는 십사 년 전에 셋째 하늘에
이끌려 간 자라 (그가 몸 안에 있었는지
몸 밖에 있었는지 나는 모르거니와 하나
님은 아시느니라)

3 내가 이런 사람을 아노니 (그가 몸 안
에 있었는지 몸 밖에 있었는지 나는 모르
거니와 하나님은 아시느니라)

4 그가 낙원으로 이끌려 가서 말로 표
현할 수 없는 말을 들었으니 사람이 가
히 이르지 못할 말이로다

주께서 보여 주신 환상과 계시

5 내가 이런 사람을 위하여 자랑하겠으나 나를 위하여는 약한 것들 외에 자랑하지 아니하리라

6 내가 만일 자랑하고자 하여도 어리석은 자가 되지 아니할 것은 내가 참말을 함이라 그러나 누가 나를 보는 바와 내게 듣는 바에 지나치게 생각할까 두려워하여 그만두노라

7 여러 계시를 받은 것이 지극히 크므로 너무 자만하지 않게 하시려고 내 육체에 가시 곧 사탄의 사자를 주셨으니 이는 나를 쳐서 너무 자만하지 않게 하려 하심이라

8 이것이 내게서 떠나가게 하기 위하여 내가 세 번 주께 간구하였더니

9 나에게 이르시기를 내 은혜가 네게 족하도다 이는 내 능력이 약한 데서 온전하여짐이라 하신지라 그러므로 도리어 크게 기뻐함으로 나의 여러 약한 것들에 대하여 자랑하리니 이는 그리스도의 능력이 내게 머물게 하려 함이라

10 그러므로 내가 그리스도를 위하여 약한 것들과 능욕과 궁핍과 박해와 곤고를 기뻐하노니 이는 내가 약한 그 때에 강함이라

고린도 교회의 일을 염려하다

11 내가 어리석은 자가 되었으나 너희가 억지로 시킨 것이니 나는 너희에게 칭찬을 받아야 마땅하도다 내가 아무 것도 아니나 지극히 크다는 사도들보다 조금도 부족하지 아니하니라

12 사도의 표가 된 것은 내가 너희 가운데서 모든 참음과 표적과 기사와 능력을 행한 것이라

13 내 자신이 너희에게 폐를 끼치지 아니한 일밖에 다른 교회보다 부족하게 한 것이 무엇이 있느냐 너희는 나의 이 공평하지 못한 것을 용서하라

고린도 교회의 일을 염려하다

14 보라 내가 이제 세 번째 너희에게 가
기를 준비하였으나 너희에게 폐를 끼치
지 아니하리라 내가 구하는 것은 너희의
재물이 아니요 오직 너희니라 어린 아이
가 부모를 위하여 재물을 저축하는 것이
아니요 부모가 어린 아이를 위하여 하느
니라

15 내가 너희 영혼을 위하여 크게 기뻐
하므로 재물을 사용하고 또 내 자신까지
도 내어 주리니 너희를 더욱 사랑할수록
나는 사랑을 덜 받겠느냐

16 하여간 어떤 이의 말이 내가 너희에
게 짐을 지우지는 아니하였을지라도 교
활한 자가 되어 너희를 속임수로 취하였
다 하니

17 내가 너희에게 보낸 자 중에 누구로
너희의 이득을 취하더냐

18 내가 디도를 권하고 함께 한 형제를
보내었으니 디도가 너희의 이득을 취하
더냐 우리가 동일한 성령으로 행하지 아
니하더냐 동일한 보조로 하지 아니하더
냐

19 너희는 이 때까지 우리가 자기 변명
을 하는 줄로 생각하는구나 우리는 그리
스도 안에서 하나님 앞에 말하노라 사랑
하는 자들아 이 모든 것은 너희의 덕을
세우기 위함이니라

20 내가 갈 때에 너희를 내가 원하는 것
과 같이 보지 못하고 또 내가 너희에게
너희가 원하지 않는 것과 같이 보일까
두려워하며 또 다툼과 시기와 분냄과 당
짓는 것과 비방과 수군거림과 거만함과
혼란이 있을까 두려워하고

21 또 내가 다시 갈 때에 내 하나님이 나
를 너희 앞에서 낮추실까 두려워하고 또
내가 전에 죄를 지은 여러 사람의 그 행
한 바 더러움과 음란함과 호색함을 회개
하지 아니함 때문에 슬퍼할까 두려워하
노라

권면과 끝 인사

13 내가 이제 세 번째 너희에게 가리
니 두세 증인의 입으로 말마다 확
정하리라

2 내가 이미 말하였거니와 지금 떠나
있으나 두 번째 대면하였을 때와 같이
전에 죄 지은 자들과 그 남은 모든 사람
에게 미리 말하노니 내가 다시 가면 용
서하지 아니하리라

3 이는 그리스도께서 내 안에서 말씀
하시는 증거를 너희가 구함이니 그는 너
희에게 대하여 약하지 않고 도리어 너희
안에서 강하시니라

4 그리스도께서 약하심으로 십자가에
못 박히셨으나 하나님의 능력으로 살아
계시니 우리도 그 안에서 약하나 너희에
게 대하여 하나님의 능력으로 그와 함께
살리라

5 너희는 믿음 안에 있는가 너희 자신
을 시험하고 너희 자신을 확증하라 예수
그리스도께서 너희 안에 계신 줄을 너희
가 스스로 알지 못하느냐 그렇지 않으면
너희는 버림 받은 자니라

6 우리가 버림 받은 자 되지 아니한 것
을 너희가 알기를 내가 바라고

7 우리가 하나님께서 너희로 악을 조
금도 행하지 않게 하시기를 구하노니 이
는 우리가 옳은 자임을 나타내고자 함이
아니라 오직 우리는 버림 받은 자 같을
지라도 너희는 선을 행하게 하고자 함이
라

8 우리는 진리를 거슬러 아무 것도 할
수 없고 오직 진리를 위할 뿐이니

9 우리가 약할 때에 너희가 강한 것을
기뻐하고 또 이것을 위하여 구하니 곧
너희가 온전하게 되는 것이라

권면과 끝 인사

10 그러므로 내가 떠나 있을 때에 이렇
게 쓰는 것은 대면할 때에 주께서 너희
를 넘어뜨리려 하지 않고 세우려 하여
내게 주신 그 권한을 따라 엄하지 않게
하려 함이라

11 마지막으로 말하노니 형제들아 기뻐
하라 온전하게 되며 위로를 받으며 마음
을 같이하며 평안할지어다 또 사랑과 평
강의 하나님이 너희와 함께 계시리라 거
룩하게 입맞춤으로 서로 문안하라

12 모든 성도가 너희에게 문안하느니라

13 주 예수 그리스도의 은혜와 하나님
의 사랑과 성령의 교통하심이 너희 무리
와 함께 있을지어다

NOTE

NOTE

남기고 싶은 글

주기도문 새번역

하늘에 계신 우리 아버지,
아버지의 이름을 거룩하게 하시며
아버지의 나라가 오게 하시며,
아버지의 뜻이 하늘에서와 같이 땅에서도 이루어지게 하소서.
오늘 우리에게 일용할 양식을 주시고,
우리가 우리에게 잘못한 사람을 용서하여 준 것같이
우리 죄를 용서하여 주시고,
우리를 시험에 빠지지 않게 하시고, 악에서 구하소서.
나라와 권능과 영광이 영원히 아버지의 것입니다.
아멘

새번역 사도신경

나는 전능하신 아버지 하나님, 천지의 창조주를 믿습니다.
나는 그의 유일하신 아들, 우리 주 예수 그리스도를 믿습니다.
그는 성령으로 잉태되어 동정녀 마리아에게서 나시고,
본디오 빌라도에게 고난을 받아 십자가에 못 박혀 죽으시고,
장사된 지 사흘 만에 죽은 자 가운데서 다시 살아나셨으며,
하늘에 오르시어 전능하신 아버지 하나님 우편에 앉아 계시다가,
거기로부터 살아 있는 자와 죽은 자를 심판하러 오십니다.
나는 성령을 믿으며, 거룩한 공교회와 성도의 교제와
죄를 용서받는 것과 몸의 부활과 영생을 믿습니다.
아멘.

십계명

제일은, 너는 나 외에는 다른 신들을 네게 두지 말라.

제이는, 너를 위하여 새긴 우상을 만들지 말고,
또 위로 하늘에 있는 것이나, 아래로 땅에 있는 것이나,
땅 아래 물 속에 있는 것의 어떤 형상도 만들지 말며,
그것들에게 절하지 말며, 그것들을 섬기지 말라.

제삼은, 너는 네 하나님 여호와의 이름을 망령되게 부르지 말라.

제사는, 안식일을 기억하여 거룩하게 지키라.

제오는, 네 부모를 공경하라.

제육은, 살인하지 말라.

제칠은, 간음하지 말라.

제팔은, 도둑질하지 말라.

제구는, 네 이웃에 대하여 거짓 증거하지 말라.

제십은, 네 이웃의 집을 탐내지 말라.

손글씨성경 [신약6_로마서-고린도후서]

2021년 3월 15일 초판 1쇄 발행

펴 낸 이 김수곤
디 자 인 디자인이츠
발 행 처 MISSION TORCH
등 록 일 1999년 9월 21일 제 54호
등록주소 서울 송파구 백제고분로 27길 12(삼전동)
전 화 (02)2203-2739
팩 스 (02)2203-2738
이 메 일 ccm2you@gmail.com
홈페이지 www.ccm2u.com